Nina Wilkening

Balladen & Moritaten

Texte lesen – verstehen – erfahren

Verlag an der Ruhr

Impressum

Titel
Balladen & Moritaten
Texte lesen – verstehen – erfahren

Autorin
Nina Wilkening

Illustrationen
Magnus Siemens u.a.

Verlag an der Ruhr
Mülheim an der Ruhr
www.verlagruhr.de

Geeignet für die Klassen 6–8
Arbeitsmaterialien für die Sekundarstufe I

Unser Beitrag zum Umweltschutz
Wir sind seit 2008 ein ÖKOPROFIT®-Betrieb und setzen uns damit aktiv für den Umweltschutz ein. Das ÖKOPROFIT®-Projekt unterstützt Betriebe dabei, die Umwelt durch nachhaltiges Wirtschaften zu entlasten.
Unsere Produkte sind grundsätzlich auf chlorfrei gebleichtes und nach Umweltschutzstandards zertifiziertes Papier gedruckt.

ISBN 978-3-8346-0566-5

Printed in Germany

Inhalt

Balladen

Moritaten

Vorwort

Balladen und Moritaten – Schnee von gestern? Langweilig?

Ganz und gar nicht! Denn die Stoffe, die in den Texten behandelt werden, sind **urmenschliche Stoffe**, sind Themen, die die Menschen immer bewegt haben und immer bewegen werden. Traurige Geschichten von verratener und verkaufter Liebe, schöne Geschichten von Helden, die alles geben, um andere zu retten, schaurige Geschichten von Toten, die zurückkehren – sie alle sind in den vorliegenden Materialien zu finden.

Interpretationen – immer das Gleiche?

Auch das nicht. Mit den vorliegenden Arbeitsblättern könnt ihr rappen, malen, ein Drehbuch für ein Musikvideo schreiben, eine Anklageschrift für einen Schwerverbrecher verfassen und und und … Mit **kreativen Methoden** könnt ihr euch die Welten erobern, die in den Texten stecken und nur darauf warten, sich zu entfalten.

Die vorliegenden Materialien sind wie folgt aufgebaut:
Zunächst einmal teilen sie sich in die **zwei großen Bereiche „Balladen"** und **„Moritaten"**. In welchem Teil ihr euch gerade befindet, erkennt ihr immer an den **Zeichnungen** rechts oben auf eurem Blatt: Das Heinzelmännchen steht für die Balladen, das Berliner Original Bolle mit Messer in der Hand für die schaurigen Moritaten.

Jedem der beiden Teile gehen jeweils **allgemeine Informationen zu der Textsorte** voraus.
In diesen einleitenden Teilen findet ihr jeweils eine **kompakte Übersicht** über Geschichte und inhaltliche Aspekte und anschließend eine **Vertiefung der jeweiligen Informationen**. Außerdem könnt ihr euch mit einer **Übersicht über die Merkmale** der beiden Textsorten sowie einem **„Steckbrief"** den Einstieg in den Text erleichtern. Zu Beginn der Arbeit mit einem bestimmten Text solltet ihr diesen Steckbrief immer ausfüllen. Er wird euch helfen, das vorliegende Gedicht bzw. Lied grundsätzlich einzuordnen.

Lest oder singt jeden Text außerdem zunächst gemeinsam in der Klasse. So kommt ihr **sprachlichen Eigenheiten** schnell auf die Spur. Und: Klärt bei jedem Text vorab **sprachliche Unklarheiten** mit eurem Lehrer oder mit Hilfe eines Lexikons.

Die Arbeitsblätter zu den einzelnen Texten sind dann wie folgt aufgebaut: Zunächst findet ihr darauf eine kurze Entstehungsgeschichte des jeweiligen Gedichtes. Es folgt der Text. Im Anschluss sichern einige Fragen das Textverständnis. Und dann könnt ihr loslegen und die Inhalte des Textes auf eure ganz persönliche Weise beleben.

Sowohl Balladen als auch Moritaten wurden (und werden) häufig gesungen. Darum gibt es oft einen **„Hör-Tipp"**. Fast alle Lieder findet ihr nämlich im Internet. Sollte das jeweilige Stück unter dem ganz konkreten Link nicht mehr vorhanden sein, solltet ihr es noch einmal auf der angegebenen Plattform suchen – meist gibt es nämlich gleich mehrere Beiträge.

Nun aber viel Spaß und viel Freude bei der kreativen Arbeit mit den Texten, an denen ihr viele moderne Facetten entdecken werdet!

Rinteln, im Sommer 2009
Nina Wilkening

Begriff und Geschichte

Der Begriff „Ballade“ stammt vom italienischen **ballata** bzw. provenzalischen **ballada** ab, das bedeutet „Tanzlied“. Ursprünglich war die Ballade nämlich ein Lied mit Refrain, das zu Reihen- und Kettentänzen gesungen wurde. Mit der ritterlichen Tradition kam sie im Mittelalter von Italien über Nordfrankreich nach Deutschland.
Es gibt keine verbindliche Form, jedoch zeichnet sich die Ballade meist aus durch Paar- oder Kreuzreim, Konzentration der Handlung, ein Zurücktreten des Erzählers, die Verwendung des Präsens sowie klanglich-rhythmische Wiederholungen.

Die Balladen des Mittelalters nennt man **Volksballaden**. Sie wurden mündlich von Ort zu Ort weitergetragen. Ihre Verfasser sind meist unbekannt.
Ab 1770 wurden dann **Kunstballaden** gedichtet, deren Verfasser nun bekannt waren.

Die Volksballaden lassen sich inhaltlich wie folgt einteilen:

- Götter-Balladen
- Helden-Balladen
- naturmagische (auch: numinose) Balladen/Geister-Balladen
- Legenden-Balladen/Balladen mit tradierten literarischen Themen
- Ritter-Balladen
- historische Balladen

Daraus ergaben sich auch die Themen für die Kunstballaden, wobei hier Verschiebungen und Erweiterungen der Themenbereiche stattfanden.
In der weiteren Balladen-Entwicklung wurden auch soziale Themen wichtig, und ganz neue Aspekte, wie z.B. die moderne Technik, rückten ins Visier der Dichter. Die **moderne Ballade** erzählt meist von Alltäglichem, übt oft Kritik an bestehenden sozialen Verhältnissen und ist häufig satirisch bis ironisch.

Johann Wolfgang von Goethe (1749–1832), der sowohl Volksballaden sammelte als auch Kunstballaden verfasste, bezeichnete die Ballade als „Ur-Ei“ der Dichtung. Das Besondere an ihr ist nämlich, dass sie aus allen drei Literaturgattungen Merkmale in sich vereint: Eine Ballade erzählt in Reimform *(Lyrik)* eine Geschichte *(Epik)*, die mit Dialogen *(Drama)* versehen ist. Normalerweise berichtet in Balladen eine zentrale Handlung von einem ungewöhnlichen, oft tragischen Einzelfall.

(Informationen nach: Habicht, Werner (Hg.): Deutscher Literatur-Brockhaus in 8 Bänden. Bd. 1. Bibliografisches Institut/F. A. Brockhaus AG, 1995. ISBN 3-411-11800-8. S. 261–263.)

Aufgaben:

1. Schlage die Definitionen von Lyrik, Epik und Dramatik in einem Lexikon nach, und gib sie mit eigenen Worten wieder.
2. Wie unterscheiden sich Volks- und Kunstballaden?
3. Was meinst du: Was hat Goethe genau gemeint, als er die Ballade als „Ur-Ei“ der Dichtung bezeichnete?
4. Welche Balladentypen lassen sich inhaltlich unterscheiden?

Volksballaden (1/2)

Aufgaben:

Stelle dir vor, du bist Literaturwissenschaftler und willst herausfinden, was für eine Volksballade typisch ist! Bei deinen Recherchen bist du auf die unten stehenden „Königskinder“ gestoßen. Sieh dir den Text genau an, und beantworte die folgenden Fragen:

- Was erfährt man über den Autor?
- Was fällt dir zum Satzbau auf?
- Was fällt dir zum Reimschema auf?
- Was fällt dir zur Wortwahl auf?
- Wovon handelt die Ballade?
- Fällt dir sonst noch etwas Besonderes auf?

Es waren zwei Königskinder

Es waren zwei Königskinder,
die hatten einander so lieb;
sie konnten zusammen nicht kommen,
das Wasser war viel zu tief.

„Ach Liebster, könntest du schwimmen,
so schwimm doch herüber zu mir!
Drei Kerzen will ich anzünden,
und die sollen leuchten zu dir.“

Das hört ein falsches Nörnchen*,
die tät als wenn sie schlief;
sie tät die Kerzlein auslöschen,
der Jüngling ertrank so tief.

Es war an ei'm Sonntagmorgen,
die Leute waren alle so froh;
nicht so die Königstochter,
ihre Augen saßen ihr zu.

„Ach Mutter, herzliebste Mutter,
mein Kopf tut mir so weh!
Ich möcht so gern spazieren
wohl an die grüne See.“

„Ach Tochter, herzliebste Tochter,
allein sollst du nicht gehn,
weck auf dein jüngste Schwester,
und die soll mit dir gehn!“

„Ach Mutter, herzliebste Mutter,
meine Schwester ist noch ein Kind,
sie pflückt ja all die Blümlein,
die auf Grünheide sind.“

„Ach Tochter, herzliebste Tochter,
allein sollst du nicht gehn,
weck auf dein jüngsten Bruder,
und der soll mit dir gehn!“

„Ach Mutter, herzliebste Mutter,
mein Bruder ist noch ein Kind,
der schießt ja all die Vöglein,
die auf Grünheide sind.“

Die Mutter ging nach der Kirche,
die Tochter hielt ihren Gang,
sie ging so lang spazieren,
bis sie den Fischer fand.

„Ach Fischer, liebster Fischer,
willst du verdienen groß Lohn,
so wirf dein Netz ins Wasser
und fisch mir den Königssohn!“

Er warf das Netz ins Wasser,
es ging bis auf den Grund;
er fischte und fischte so lange,
bis er den Königssohn fand.

Sie schloss ihn in ihre Arme
und küsst seinen bleichen Mund:
„Ach Mündlein, könntest du sprechen,
so wär mein jung Herz gesund!“

Was nahm sie von ihrem Haupte?
Ein goldne Königskron:
„Sieh da, du wohledler Fischer,
hast dein verdienten Lohn!“

Was zog sie von ihrem Finger?
Ein Ringlein von Gold so rot:
„Sieh da, du wohledler Fischer,
kauf deinen Kindern Brot!“

Sie schwang sich um ihren Mantel
und sprang wohl in die See:
„Gut Nacht, mein Vater und Mutter,
ihr seht mich nimmermeh!“

Da hört man Glöcklein läuten,
da hört man Jammer und Not,
hier liegen zwei Königskinder,
die sind alle beide tot.

* *Schicksalsgöttin*

Enstehungsdatum sowie Verfasser sind unbekannt. Wahrscheinlich seit dem Mittelalter in vielen verschiedenen Versionen überliefert.

Volksballaden (2/2)

i Als **Volksballaden** bezeichnet man die Balladen des **späten Mittelalters** und der **frühen Neuzeit**. Eine Strophe hat meistens **vier Zeilen,** die durch Paar- oder Kreuzreim miteinander verbunden sind. Volksballaden haben üblicherweise einen **einfachen Satzbau** und weisen **viele Adjektive** auf. Die **Verfasser** sind meist **unbekannt,** man nimmt an, dass die meisten von Spielleuten gedichtet wurden. Die Balladen wurden mündlich durch **Gesang** verbreitet. Daher sind zu vielen Volksballaden auch **Melodien** bekannt. Darum haben sie auch häufig einen **Refrain,** der oft eine subjektive Sicht auf die Dinge spiegelt.

Im Gegensatz zum mittelalterlichen Minnesang wurden sie nicht nur in der Oberschicht, sondern in breiten Volksschichten vorgetragen, sie dienten der **Unterhaltung**. Um sie zu hören, kamen viele Menschen zusammen, z.B. auf dem Marktplatz.

Im Folgenden sind die inhaltlichen Typen aufgeführt, in die sich die Volksballaden einteilen lassen.

- Götter-Balladen, die an Göttermythen anknüpften
- Helden-Balladen, ursprünglich mit Stoffen aus der nordischen und germanisch-deutschen Heldensage
- Naturmagische (auch: numinose) Balladen/Geisterballaden, in denen meist von Menschen in Auseinandersetzung mit unheimlichen, magischen Mächten berichtet wurde
- Legenden-Balladen, denen alte Sagen- und Legendenstoffe als Basis dienten/Balladen mit tradierten literarischen Themen
- Ritter-Balladen
- Historische Balladen, die Stoffe wahrer Begebenheiten aufgriffen

Auch die ursprüngliche **Moritat,** deren Inhalt reißerische und blutrünstige Geschehnisse, wie z.B. Morde, sind und die von Bänkelsängern auf Jahrmärkten vorgetragen wurde, geht, obgleich sie eine eigene Entwicklungsgeschichte hat, auf die Volksballaden zurück.

Durch die weite mündliche Verbreitung veränderten sich im Laufe der Zeit Orte und Namen. Erst im 18. Jahrhundert begann man damit, die Balladentexte zu sammeln und aufzuschreiben.

Aufgaben:

1. Volksballaden dienten der Unterhaltung. Welche Möglichkeiten nutzen die Menschen heute, wenn sie Unterhaltung suchen? Liste sie in deinem Heft auf! Welche Gemeinsamkeiten, welche Unterschiede gibt es zu der damaligen Unterhaltungsform?

2. Was empfindest du, wenn du die Ballade von den Königskindern liest? Warum? Kennst du Geschichten oder Fernsehsendungen bzw. Filme, die bei dir ähnliche Gefühle ausgelöst haben?

Kunstballaden (1/3)

Um 1770 entstand die **Kunstballade**. Nun kann man, anders als bei der Volksballade, einen **bestimmten Autor** als Urheber nennen.
„Lenore“ (1774) von Gottfried August Bürger (1747–1794) gilt als eine der ersten Kunstballaden, die für die weiteren prägend war. Bürger hatte sie unter dem Einfluss englisch-schottischer Geister-Balladen während der Epoche des **Sturm und Drang** verfasst. Wie auch „Lenore“, waren die ersten Kunstballaden meist sehr düster. Zu den wichtigsten Verfassern gehört neben Bürger auch Johann Wolfgang von Goethe (1749–1832), der seine Texte zunächst an Volksballaden anlehnte und anfangs, während der Epoche des Sturm und Drang, häufig **naturmagische Themen** wählte. Auch Friedrich von Schiller (1759–1805) prägte die Kunstballaden maßgeblich. Gemeinsam mit Goethe führte er im **Balladenjahr 1797,** während der Epoche der **Weimarer Klassik,** den Begriff der **Ideenballade** ein. Diese hat eine erheblich kunstvollere Form als die relativ schlichte Volksballade und zeichnet sich dadurch aus, dass ein Held in Bedrängnis gerät und die Notlage durch sein „edles Wesen“ lösen muss. Dieser Held sticht durch seinen sittlichen, moralischen oder ethischen Charakter als **Beispiel** hervor.
Vom Ende des 18. Jahrhunderts an wandelte sich der Charakter der Kunstballaden hin zum **Romantischen, Geheimnisvollen,** wie etwa bei Annette von Droste-Hülshoff (1797–1848).
Vor allem die Vertreter der Romantik kehrten zur **einfachen, schlichten Form** des volksliedhaften Textes zurück.
Aber auch **historische** sowie **soziale und politische Themen** wurden im 19. Jahrhundert aufgegriffen. Ebenso spiegelten sich ganz neue Themengebiete, wie z.B. die **moderne Technik,** in den Balladen wider, z.B. bei Theodor Fontane (1819–1898), Vertreter des **Realismus**.
Im 20. Jahrhundert wurde die Ballade **politisch,** häufig auch **ironisch bis satirisch.** Sie wurde meist von Liedermachern verfasst und prangerte oft herrschende Zustände an. Die **Moritaten,** deren Blütezeit längst vorbei war, übten einen rückwirkenden Einfluss aus. Hierzu zählen z.B. Balladen von Bertolt Brecht (1898–1956) und Joachim Ringelnatz (1883–1934).

Aufgaben:

1. Lies den Informationstext, und unterstreiche die wichtigsten Informationen.
2. Fertige eine Tabelle nach dem folgenden Muster an.

Entwicklung der Kunstballaden		
Zeit/Epoche	Charakter der Balladen/Themen	Autoren

Kunstballaden (2/3)

Das ruhelose Grab

„Der Wind weht heute so stark, mein Schatz,
und Regen fällt herab,
ich hatte stets nur einen Schatz,
sie liegt im kalten Grab.
Ich tu so viel für meinen Schatz,
wie's jeder Mann vermag,
ich werde sitzen an ihrem Grab
ein Jahr und einen Tag."
Ein Jahr sowie ein Tag verging,
da hob die Tote an:
„Wer sitzt und weint an meinem Grab,
dass ich nicht schlafen kann?"
„Ich bin's, ich sitz an deinem Grab,
darum bist du nicht still,
ein Kuss von deiner kalten Lipp'
ist alles, was ich will."
„Ein' Kuss willst du von meiner Lipp',
die schmeckt nach bittrem Lehm.
Bekommst du diesen einen Kuss,
wird dein' Zeit schnell vergehn."
„Im Garten, wo spazier'n zu geh'n
wir pflegten, gern und viel,
die schönste Blum', die je geseh'n,
verdorrt zu einem Stiel."
„So wie der Stiel verdorrt, mein Schatz,
werd'n unsre Herzen vergehn,
drum finde deinen Frieden, Schatz,
bis Gott dich dann will sehn."

Schottland, Verfasser unbekannt, um 1400

Lenore

Lenore fuhr ums Morgenrot
Empor aus schweren Träumen:
„Bist untreu, Wilhelm, oder tot?
Wie lange willst du säumen?" -
Er war mit König Friedrichs Macht
Gezogen in die Prager Schlacht,
Und hatte nicht geschrieben:
Ob er gesund geblieben.

(…)

So wütete Verzweifelung
Ihr in Gehirn und Adern.
Sie fuhr mit Gottes Fürsehung
Vermessen fort zu hadern;
Zerschlug den Busen, und zerrang
Die Hand, bis Sonnenuntergang,
Bis auf am Himmelsbogen
Die goldnen Sterne zogen.

Und außen, horch! Ging's trap trap trap,
Als wie von Rosseshufen;
Und klirrend stieg ein Reiter ab,
An des Geländers Stufen;
Und horch! Und horch! Den Pfortenring
Ganz lose, leise, klingeling!
Dann kamen durch die Pforte
Vernehmlich diese Worte:

„Holla, Holla! Tu auf mein Kind!
Schläfst, Liebchen, oder wachst du?
Wie bist noch gegen mich gesinnt?
Und weinest oder lachst du?" –
„Ach, Wilhelm, du? – So spät bei Nacht? –
Geweinet hab' ich und gewacht;
Ach, großes Leid erlitten!
Wo kommst du hergeritten?" –

(…)

„Lass sausen durch den Hagedorn,
Lass sausen, Kind, lass sausen!

Kunstballaden (3/3)

Der Rappe scharrt; es klingt der Sporn.
Ich darf allhier nicht hausen.
Komm, schürze, spring' und schwinge dich
Auf meinen Rappen hinter mich!
Muß heut noch hundert Meilen
Mit dir ins Brautbett eilen." –

Schön Liebchen schürzte, sprang und schwang
Sich auf das Roß behende;
Wohl um den trauten Reiter schlang
Sie ihre Liljenhände;
Und hurre hurre, hop hop hop!
Ging's fort in sausendem Galopp,
Dass Ross und Reiter schnoben,
Und Kies und Funken stoben.

(...)

Ha sieh! Ha sieh! Im Augenblick,
Huhu! Ein grässlich Wunder!
Des Reiters Koller, Stück für Stück,
Fiel ab wie mürber Zunder.

Zum Schädel, ohne Zopf und Schopf,
Zum nackten Schädel ward sein Kopf;
Sein Körper zum Gerippe,
Mit Stundenglas und Hippe.

Hoch bäumte sich, wild schnob der Rapp',
Und sprühte Feuerfunken;
Und hui! War's unter ihr hinab
Verschwunden und versunken.
Geheul! Geheul aus hoher Luft,
Gewinsel kam aus tiefer Gruft.
Lenorens Herz, mit Beben,
Rang zwischen Tod und Leben.

Nun tanzten wohl bei Morgenglanz,
Rund um herum im Kreise,
Die Geister einen Kettentanz,
Und heulten diese Weise:
„Geduld! Geduld! Wem's Herz auch bricht!
Mit Gott im Himmel hadre nicht!
Des Leibes bist du ledig;
Gott sei der Seele gnädig!"

Gottfried August Bürger, 1774

Aufgaben:

1. Nimm dir die Informationen auf dem Arbeitsblatt „Balladen-Grundlagen: Kunstballaden 1/3" zu Hilfe. Kannst du die beiden Texte innerhalb der Entwicklung der Kunstballade einordnen? Welchen geschichtlichen Zusammenhang gibt es zwischen ihnen?

2. Beschreibe kurz, worum es in den einzelnen Texten geht. Welche Stimmung wird erzeugt? Wie?

3. Welche inhaltlichen Gemeinsamkeiten gibt es?

4. Sucht euch jeweils einen Partner. Stellt euch vor, ihr seid Regisseure und wollt die Szene am „ruhelosen Grab" verfilmen. Wie würdet ihr das machen? Überlegt euch,
   - ▶ wie die Darsteller aussähen,
   - ▶ wie der Ort aussähe, an dem sie sich befinden würden,
   - ▶ wie sie in einer Filmszene sprechen würden,
   - ▶ wie ihr die Erinnerung an den Garten und die Blume umsetzen könntet.

   Schreibt ein Drehbuch!

Merkblatt zur Interpretation

Wenn man eine Ballade interpretieren möchte, sollte man auf folgende Dinge achten:

1. Entstehung:

- Wie heißt die Ballade?
- Ist ein Autor bekannt? Wie heißt er? (Achtung: Bei den Volksballaden ist der Autor meist unbekannt!)
- Aus welchem Jahr/welcher Epoche stammt die Ballade?

2. Inhaltliche Aspekte:

- Um welche Art der Ballade handelt es sich?
  1. Volksballade
  2. Kunstballade
- Um welchen inhaltlichen Typ handelt es sich?
- Worum geht es in der Ballade (kurze Zusammenfassung des Inhalts)? Wer spricht? Welche Personen kommen vor, und wie stehen sie zueinander? Welche Entwicklung findet statt?/Wie ist die Ballade inhaltlich aufgebaut?
- Warum schrieb der Autor die Ballade? Welche Intention hatte er?
- Ist ein Hintergrund zur Entstehung der Ballade bekannt? Wie verhält sich die Ballade zum Hintergrund?
- Wofür steht das Erlebnis des Protagonisten exemplarisch?

3. Formale Aspekte:

Strophen	Anzahl, Aufbau, Refrain
Reimschema	Paarreim (aabb) oder Kreuzreim (abab)
Versmaß/Versform	Jambus, Trochäus, Daktylus, Anapäst/Blankvers, Alexandriner …
Kadenzen	Versende schwach (unbetont) oder stark (betont)?
Verwendung von Enjambements?	Zeilensprung: ein Satz wird über das Ende einer Zeile weitergeführt
… von Ausrufen/Dialogen?	„Wehe! Wehe!“ (Zauberlehrling)
… von Metaphern/Allegorien?	Bildliche Darstellung eines Phänomens, z.B. Wind als Person/ Metaphernketten
… von Alliterationen?	Mehrere Wörter nacheinander beginnen mit demselben Buchstaben, z.B. „der gespenstische Gräberknecht“ (Der Knabe im Moor).
… von Anaphern?	Wiederholung eines Wortes: „Mein Vater, mein Vater“ (Erlkönig)
Ggf.: sonstige sprachliche Besonderheiten?	Besondere Formulierungen? Wiederholungen? …

- Gibt es Besonderheiten/Abweichungen gegenüber anderen Texten?
- Was bewirkt die Wahl der jeweiligen formalen Aspekte?

© Verlag an der Ruhr ◆ Postfach 10 22 51 ◆ 45422 Mülheim an der Ruhr ◆ www.verlagruhr.de ◆ ISBN 978-3-8346-0566-5

Balladen-Steckbrief

Name der Ballade: ______________________________

Autor: ______________________________

Entstehungsjahr/Epoche: ______________________________

Balladentyp (Volks- oder Kunstballade? Inhaltlicher Typ?): ______________________________

Inhalt/inhaltlicher Aufbau: ______________________________

____

____

____

Mögliche Intention des Autors: ______________________________

____

____

____

Hintergrund: ______________________________

____

____

____

Formale Aspekte/Wirkung

Anzahl der Strophen: ______________________________

Aufbau der Strophen: ______________________________

Refrain vorhanden: ☐ ja ☐ nein ______________________________

Reimschema: ______________________________

Versmaß/Versform: ______________________________

Kadenzen: ______________________________

Enjambement vorhanden: ☐ ja ☐ nein ______________________________

Ausrufe vorhanden: ☐ ja ☐ nein Dialoge vorhanden: ☐ ja ☐ nein ______________________________

Alliterationen: ______________________________

Anaphern: ______________________________

Metaphern/Allegorien: ______________________________

Ggf. sonstige sprachliche Besonderheiten: ______________________________

Die schöne Lilofee (1/2)

1. Es freit ein wilder Wassermann
Auf der Burg wohl über dem See.
Des Königs Tochter wollt er han,
Die schöne, junge Lilofee.

2. Er ließ eine Brücke mit Gold beschlagen
Von der Burg wohl in den See
Wollt' Bruder und Schwester wiedersehn,
Die schöne, junge Lilofee.

3. Sie hörte drunten Glocken gehn
von der Burg wohl in den See,
Wollt' Bruder und Schwester wiedersehn,
Die schöne, junge Lilofee.

4. Und als sie vor dem Tore stand
Auf der Burg wohl über dem See,
Da neigt sich Laub und grünes Gras
Vor der schönen, jungen Lilofee.

5. Und als sie aus der Kirche kam
Vor der Burg wohl über dem See,
Da stand der wilde Wassermann
Vor der schönen, jungen Lilofee.

6. „Sprich, willst du hinuntergehn mit mir
Von der Burg wohl über dem See?
Deine Kindlein unten weinen nach dir,
Du schöne, junge Lilofee."

7. „Und eh ich die Kindlein weinen lass
Im tiefen, tiefen See,
Scheid ich von Laub und grünem Gras,
Ich arme, junge Lilofee."

Entstehungsdatum sowie Verfasser sind unbekannt.

Anhören

www.youtube.com/watch?v=rmK72FiVTXE oder auf der CD: „Wilder Wassermann. Balladen und Mythen" von Achim Reichel (Warner, 2002)

Aufgaben:

1. Lies die Volksballade „Die schöne Lilofee".
2. Fasse in zwei Sätzen zusammen, was in der Ballade geschieht.
3. Such dir einen Partner. Markiert im Text die typischen Balladenmerkmale Refrain (blau), Dialoge (rot), Reime (grün).
4. Woran erkennt man außerdem, dass es sich um eine Volksballade handelt?
5. Hört euch die Melodie zur Volksballade „Die schöne Lilofee" an, und versucht, sie mitzusingen.

Die schöne Lilofee (2/2)

Aufgabe:

Nun könnt ihr selber einen Rapsong aus dem Text machen!

Eine Ballade rappen – so geht's:

- Beispiele, wie es funktionieren kann, Balladen zu rappen, findet ihr auf der CD: „Junge Dichter und Denker: Rap trifft Klassiker. Balladen einmal ganz anders" (Schroedel 2006, ISBN 978-3-50747-370-6). Ihr könnt euch auch hier ein Beispiel anhören: www.youtube.com/watch?v=9q1lbYBZcXc

- Sicherlich gibt es im Musikraum eurer Schule Rhythmusinstrumente. Wenn nicht, genügen auch einfache Gegenstände, die ihr im Klassenraum findet oder von zu Hause mitbringen könnt:
  - ein Plastikeimer, auf den mit Löffeln geschlagen wird,
  - eine Dose, die zum Beispiel mit Reis oder Erbsen gefüllt wird,
  - ein Stuhl, auf den ihr mit den Händen trommelt,
  - ein Tisch, auf den mit den Fingernägeln geklopft wird, usw.

  Eurer Fantasie sind keine Grenzen gesetzt. Auch der Mund kann als Instrument dienen: Sicher kennt ihr das „Beatboxing", bei dem Rhythmen ganz allein mit dem Mund (durch das Spiel mit Vokalen) erzeugt werden. Und wenn ihr gar keine Instrumente verwenden wollt – auch ein rein stimmlicher Vortrag ist möglich.

- Wenn ihr mit Instrumenten arbeiten möchtet, sucht sich nun jeder eines aus. Am besten macht ihr dann zur Einstimmung im Stuhlkreis ein paar einfache Rhythmusübungen: Einer gibt den Rhythmus vor, die anderen machen ihn nach, variieren ihn ...

- Dann teilt ihr euch in Vierergruppen auf. Überlegt euch einen Rhythmus bzw. mehrere Rhythmen, die ihr zu einem sich wiederholenden/variierenden Muster kombinieren könnt: Ihr könnt beispielsweise jeweils einen Rhythmus für die ersten zwei Zeilen einer Strophe, einen anderen für die folgenden beiden nehmen und beide in den weiteren Strophen wiederholen.

- Ihr könnt auch einzelne Elemente des Raps singen, dann braucht ihr eine richtige Melodie dafür.

- Überlegt euch, wer welchen Part übernehmen soll und wie ihr die einzelnen Textpassagen vortragen möchtet. Welche Gefühle bzw. welche Stimmung wollt ihr vermitteln? Wie könnt ihr das erreichen?

- Wenn ihr wollt, könnt ihr euch auch eine richtige Performance (Vorstellung) ausdenken und euren Vortrag mit dem Körper untermalen.

- Präsentiert der Klasse euren Rap. Ihr könnt auch einen Wettbewerb machen: Welcher Rap ist der einfallsreichste? Welcher Rap vermittelt am meisten von der Stimmung der Ballade?

© Verlag an der Ruhr ◆ Postfach 10 22 51 ◆ 45422 Mülheim an der Ruhr ◆ www.verlagruhr.de ◆ ISBN 978-3-8346-0566-5

Der Rattenfänger von Hameln (1/2)

i Die folgende Volksballade wurde von Achim von Arnim (1781–1831) und Clemens Brentano (1778–1842), wichtigen Vertretern der Romantik, 1806/1808 aufgeschrieben und veröffentlicht. Zuvor war sie mündlich überliefert worden. Die Ballade geht auf eine alte Sage zurück.

Wer ist der bunte Mann im Bilde?
Er führet Böses wohl im Schilde,
er pfeift so wild und so bedacht;
Ich hätt mein Kind ihm nicht gebracht!

In Hameln fochten Mäus und Ratzen
bey hellem Tage mit den Katzen,
es war viel Not; der Rat bedacht,
wie andre Kunst zuweggebracht.

Da fand sich ein der Wundermann,
mit bunten Kleidern angetan,
pfiff Ratz und Mäus zusamm ohn Zahl,
ersäuft sie in der Weser all.

Der Rat will ihm dafür nicht geben,
was ihm ward zugesagt soeben;
Sie meinten, das ging gar zu leicht
und wär wohl gar ein Teufelsstreich.

Wie hart er auch den Rat besprochen,
sie dräuten seinem bösen Pochen,
er konnt zuletzt vor der Gemein
nur auf dem Dorfe sicher sein.

Die Stadt, von solcher Not befreiet,
im großen Dankfest sich erfreuet,
im Betstuhl saßen alle Leut,
es läuten alle Glocken weit.

Die Kinder spielten in den Gassen,
der Wundermann durchzog die Straßen,
er kam und pfiff zusamm geschwind
wohl auf ein hundert schöne Kind.

Der Hirt sie sah zur Weser gehen,
und keiner hat sie je gesehen,
verloren sind sie an dem Tag
zu ihrer Eltern Weh und Klag.

Im Strome schweben Irrlicht nieder,
die Kindlein frischen drin die Glieder,
dann pfeifet er sie wieder ein,
für seine Kunst bezahlt zu seyn.

Ihr Leute, wenn ihr Gift wollt legen,
so hütet doch die Kinder gegen,
das Gift ist selbst der Teufel wohl,
der uns die lieben Kinder stohl.

Aufgaben:

1. Mit welchen Adjektiven wird der Rattenfänger beschrieben?
   Welche Gefühle erzeugt das bei dir?
2. Was tut der Rattenfänger den Bürgern der Stadt Gutes?
3. Mit welchen Argumenten lehnt der Rat es ab, den Rattenfänger für seine Dienste zu bezahlen?
4. Wie rächt sich der Rattenfänger?
5. Erzähle die Sage nach.

© Verlag an der Ruhr ◆ Postfach 10 22 51 ◆ 45422 Mülheim an der Ruhr ◆ www.verlagruhr.de ◆ ISBN 978-3-8346-0566-5

Der Rattenfänger von Hameln (2/2)

i Johann Wolfgang von Goethe (1749–1832) hat seine Ballade „Der Rattenfänger" wohl für ein Kinderballett im Jahr 1802/1803 geschrieben.

Ich bin der wohlbekannte Sänger,
der vielgereiste Rattenfänger,
den diese altberühmte Stadt
gewiss besonders nötig hat;
und wären's Ratten noch so viele,
und wären Wiesel mit im Spiele;
von allen säubr' ich diesen Ort
sie müssen miteinander fort.

Dann ist der gutgelaunte Sänger
mitunter auch ein Kinderfänger,
der selbst die wildesten bezwingt,
wenn er die goldnen Märchen singt.
Und wären Knaben noch so trutzig,
und wären Mädchen noch so stutzig,
In meine Saiten greif' ich ein,
sie müssen alle hinterdrein.

Dann ist der vielgewandte Sänger
gelegentlich ein Mädchenfänger;
In keinem Städtchen langt er an,
wo er's nicht mancher angetan.
Und wären Mädchen noch so blöde,
und wären Weiber noch so spröde:
Doch allen wird so liebebang
Bei Zaubersaiten und Gesang.

(Von Anfang)

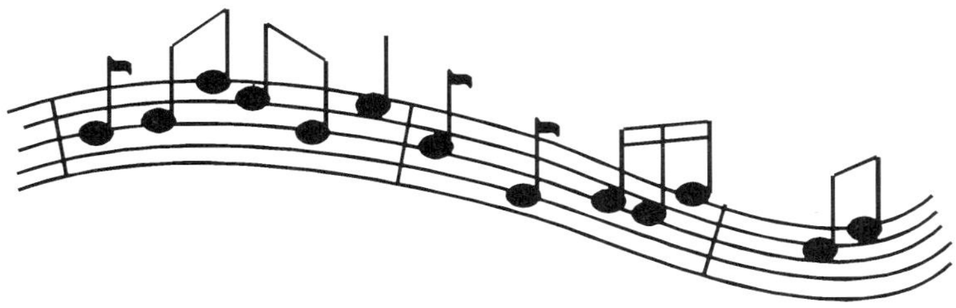

Aufgaben:

1. Mit welchen Adjektiven beschreibt sich der Rattenfänger selbst? Welche Gefühle entstehen dadurch bei dir?

2. Was schimmert im Text über den Charakter des Rattenfängers durch?

3. Vergleiche die Balladen vom Rattenfänger. Worin unterscheiden sie sich inhaltlich? Gibt es auch Dinge, in denen sie übereinstimmen? Wie entwickelt sich Goethes Text gegenüber der bekannten Sage?

4. Stelle dir vor, einem der entführten Kinder ist es gelungen, sein Tagebuch mitzunehmen. Was würde es wohl über die Entführung schreiben? Überlege dir genau, was passiert und wie das Kind das Geschehen empfindet. Verfasse dann einen Tagebucheintrag.

Der Zauberlehrling
(J. W. von Goethe) (1/2)

i Den „Zauberlehrling" schrieb Goethe (1749–1832) im Jahr 1797. In diesem „Balladenjahr" lieferte er sich mit Friedrich von Schiller in Weimar einen richtigen „Dichterwettstreit", bei dem zahlreiche Werke entstanden. „Der Zauberlehrling" wurde 1897, 100 Jahre später, von dem Franzosen Paul Dukas vertont.

Hat der alte Hexenmeister
sich doch einmal weg begeben!
Und nun sollen seine Geister
auch nach meinem Willen leben.
Seine Wort' und Werke
merkt' ich und den Brauch,
und mit Geistesstärke
tu' ich Wunder auch.

Walle! Walle
manche Strecke,
dass zum Zwecke
Wasser fließe
und mit reichem, vollem Schwalle
zu dem Bade sich ergieße.

Und nun komm, du alter Besen,
nimm die schlechten Lumpenhüllen!
Bist schon lange Knechte gewesen;
nun erfülle meinen Willen!
Auf zwei Beinen stehe,
oben sei ein Kopf!
Eile nun und gehe
Mit dem Wassertopf!

Walle! Walle
manche Strecke,
dass zum Zwecke
Wasser fließe
und mit reichem, vollem Schwalle
zu dem Bade sich ergieße.

Seht, er läuft zum Ufer nieder,
wahrlich! Ist schon an dem Flusse,
und mit Blitzesschnelle wieder
ist er hier mit raschem Gusse.
Schon zum zweiten Male!
Wie das Becken schwillt!
Wie sich jede Schale
voll mit Wasser füllt!

Stehe! Stehe!
Denn wir haben
deiner Gaben
voll gemessen! –
Ach, ich merk' es! Wehe! Wehe!
Hab' ich doch das Wort vergessen!

Ach, das Wort, worauf am Ende
er das wird, was er gewesen.
Ach, er läuft und bringt behende!
Wärst du doch der alte Besen!
Immer neue Güsse
bringt er schnell herein,
Ach! Und hundert Flüsse
stürzen auf mich ein.

Nein, nicht länger
kann ich's lassen;
will ihn fassen.
Das ist Tücke!
Ach, nun wird mir immer bänger!
Welche Miene! Welche Blicke!

O, du Ausgeburt der Hölle!
Soll das ganze Haus ersaufen?
Seh' ich über jede Schwelle
doch schon Wasserströme laufen.
Ein verruchter Besen,
der nicht hören will!
Stock, der du gewesen,
steh doch wieder still!

Der Zauberlehrling
(J. W. von Goethe) (2/2)

Willst's am Ende
gar nicht lassen?
Will dich fassen,
will dich halten
und das alte Holz behende
mit dem scharfen Beile spalten

Seht, da kommt er schleppend wieder!
Wie ich mich nur auf dich werfe,
gleich, o Kobold, liegst du nieder;
krachend trifft die glatte Schärfe.
Wahrlich! Brav getroffen!
Seht, er ist entzwei!
Und nun kann ich hoffen
und ich atme frei!

Wehe! Wehe!
Beide Teile
stehn in Eile
schon als Knechte
völlig fertig in die Höhe!
Helft mir, ach! Ihr hohen Mächte!

Und sie laufen! Nass und nässer
wird's im Saal und auf den Stufen:
Welch entsetzliches Gewässer!
Herr und Meister! Hör' mich rufen! –
Ach, da kommt der Meister!
Herr, die Not ist groß!
Die ich rief, die Geister
Werd' ich nun nicht los.

„In die Ecke,
Besen! Besen!
Seid's gewesen!
Denn als Geister
ruft euch nur zu seinem Zwecke
erst hervor der alte Meister.“

Aufgaben:

1. Lies die Ballade. Welche Stimmung entsteht? Wie unterstützt die Form die Stimmung?

2. Hat die Ballade einen warnenden Effekt? Wenn ja, wovor warnt sie?

3. Notiere dir genau den Ablauf der Dinge, die geschehen. In wie viele Teile kannst du die Ballade inhaltlich grob einteilen? Warum?

4. Sieh dir nun die Teile noch einmal an. Was meinst du: Welche Gefühle bewegen den Zauberlehrling in den jeweiligen Abschnitten?

5. Nun sollst du einen Comicstrip zeichnen.

Einen Comicstrip zeichnen – so geht's:

- Überlege dir, welche Stellen aus der Ballade sich zum Zeichnen eignen.
- Schreibe dir auf, welche Bilder du zeichnen willst. Zum Beispiel:
  Bild 1: Der Zauberlehrling nimmt den Besen und zaubert.
  Bild 2: Der Besen läuft mit dem Wassertopf in der Hand zum Fluss.
- Mal nun deinen Comicstrip: Falte dazu ein Blatt (am besten DIN A3) so oft, dass du genügend Kästchen für die einzelnen Bilder hast. Am besten zeichnest du diese Kästen erst ganz am Ende mit schwarzem Stift nach, dann kannst du während des Zeichnens noch etwas ändern.
- Zeichne deine Bilder zunächst mit Bleistift. Später kannst du sie mit schwarzem Stift nach- und mit bunten Stiften ausmalen. Verwende Sprech- und Denkblasen. Du kannst auch innerhalb deiner Kästchen wiederum kleinere Kästchen mit kurzen Texten zum Stand der Dinge einfügen:
  „Eine halbe Stunde später ist es schon ziemlich nass in der Stube …“

© Verlag an der Ruhr ◆ Postfach 10 22 51 ◆ 45422 Mülheim an der Ruhr ◆ www.verlagruhr.de ◆ ISBN 978-3-8346-0566-5

Der Handschuh (Friedrich von Schiller) (1/2)

i Wie Goethes „Zauberlehrling“, entstand auch Schillers (1759–1805) „Handschuh“ 1797, im „Balladenjahr“ Goethes und Schillers, in dem sie sich ein richtiges Gefecht lieferten und ein Werk nach dem anderen verfassten.

Vor seinem Löwengarten,
das Kampfspiel zu erwarten,
saß König Franz,
und um ihn die Großen der Krone,
und rings auf hohem Balkone
die Damen in schönem Kranz.

Und wie er winkt mit dem Finger,
auf tut sich der weite Zwinger,
und hinein mit bedächtigem Schritt
ein Löwe tritt
und sieht sich stumm
rings um,
mit langem Gähnen,
und schüttelt die Mähnen
und streckt die Glieder
und legt sich nieder.

Und der König winkt wieder,
da öffnet sich behend
ein zweites Tor,
daraus rennt
mit wildem Sprunge
ein Tiger hervor.

Wie der den Löwen erschaut,
brüllt er laut,
schlägt mit dem Schweif
einen furchtbaren Reif,
und recket die Zunge,
und im Kreise scheu
umgeht er den Leu
grimmig schnurrend,
drauf streckt er sich murrend
zur Seite nieder.

Und der König winkt wieder;
da speit das doppelt geöffnete Haus
zwei Leoparden auf einmal aus,
die stürzen mit mutiger Kampfbegier
auf das Tigertier;
das packt sie mit seinen grimmigen Tatzen,
und der Leu mit Gebrüll
richtet sich auf – da wird's still;
und herum im Kreis,
von Mordsucht heiß,
lagern sich die greulichen Katzen.

Da fällt von des Altans* Rand
ein Handschuh von schöner Hand
zwischen den Tiger und den Leun
mitten hinein.

Und zu Ritter Delorges spottender Weis',
wendet sich Fräulein Kunigund:
„Herr Ritter, ist Eure Lieb' so heiß,
wie Ihr mir's schwört zu jeder Stund,
ei, so hebt mir den Handschuh auf.“

Und der Ritter in schnellem Lauf
steigt hinab in den furchtbarn Zwinger
mit festem Schritte,
und aus der Ungeheuer Mitte
nimmt er den Handschuh mit keckem Finger.

Und mit Erstaunen und mit Grauen
sehen's die Ritter und Edelfrauen,
und gelassen bringt er den Handschuh zurück.
Da schallt ihm sein Lob aus jedem Munde,
aber mit zärtlichem Liebesblick –
er verheißt ihm sein nahes Glück –
empfängt ihn Fräulein Kunigunde.
Und er wirft ihr den Handschuh ins Gesicht:
„Den Dank, Dame, begehr ich nicht!“
Und verlässt sie zur selben Stunde.

* *Balkon*

Der Handschuh (Friedrich von Schiller) (2/2)

Aufgaben:

1. Lies die Ballade „Der Handschuh" von Friedrich von Schiller!

2. Beantworte die Fragen:
- Worum geht es in der Ballade?
- Welche Gefühle hat Delorges für Kunigunde, welche Kunigunde für Delorges? Was erfährst du über Kunigundes Charakter?
- Warum wirft Delorges Kunigunde den Handschuh ins Gesicht und geht?

3. Bildet Zweiergruppen. Überlegt gemeinsam, wie die Geschichte in der heutigen Zeit stattfinden könnte! Wie würden die beiden heute heißen? Wo könnte das Geschehen stattfinden? Welche Mutprobe könnte sich wohl eine Frau wie Kunigunde heute ausdenken? Sammelt Vorschläge, und schreibt sie auf.

4. Nun sucht sich jeder aus den Vorschlägen einen aus und schreibt eine Kurzgeschichte über eine Mutprobe aus Liebe in der heutigen Zeit.

Eine Kurzgeschichte schreiben – so geht's:

- Eine Kurzgeschichte muss, wie der Name schon sagt, kurz sein. Sie ist ein Blitzlicht auf eine außergewöhnliche Lebenssituation, die die handelnden Personen verändern wird. Sie kann einen Zeitraum von wenigen Sekunden oder von mehreren Stunden umfassen.
- Eine Kurzgeschichte beginnt mit einem direkten, szenischen Einstieg, z.B. dem Schellen an der Haustüre. Zu Beginn dürfen aus dem oben genannten Grund keine langen Erläuterungen stehen.
- Es gibt keine Rückblenden, Reflexionen etc. Die Geschichte erzählt sich durch Handlung und Dialog.
- Die Handlung muss spannend sein.
- Das Ende ist überraschend und/oder bringt eine Veränderung im Protagonisten mit sich.

Der Ring des Polykrates (F. von Schiller) (1/2)

i Wie Goethes „Zauberlehrling“ entstand auch Schillers (1759–1805) „Ring des Polykrates“ 1797, im „Balladenjahr“ Goethes und Schillers, in dem sie sich ein richtiges Gefecht lieferten und ein Werk nach dem anderen verfassten.

Er stand auf seines Daches Zinnen,
er schaute mit vergnügten Sinnen
auf das beherrschte Samos hin.
„Dies alles ist mir unterthänig“,
begann er zu Ägyptens König,
„Gestehe, dass ich glücklich bin.“ –

„Du hast der Götter Gunst erfahren!
Die vormals deines Gleichen waren,
sie zwingt jetzt deines Scepters Macht.
Doch Einer lebt noch, sich zu rächen;
dich kann mein Mund nicht glücklich sprechen,
so lang des Feindes Auge wacht.“ –

Und eh der König noch geendet,
da stellt sich, von Milet gesandt,
ein Bote dem Tyrannen dar:
„Lass, Herr, des Opfers Düfte steigen,
und mit des Lorbeers muntern Zweigen
bekränze dir dein festlich Haar!

Getroffen sank dein Feind vom Speere,
mich sendet mit der frohen Märe
dein treuer Feldherr Polydor –“
Und nimmt aus einem schwarzen Becken,
noch blutig, zu der Beiden Schrecken,
ein wohlbekanntes Haupt empor.

Der König tritt zurück mit Grauen.
„Doch warn' ich dich, dem Glück zu trauen,“
versetzt er mit besorgtem Blick.
„Bedenk', auf ungetreuen Wellen –
wie leicht kann sie der Sturm zerschellen –
schwimmt deiner Flotte zweifelnd Glück.“

Und eh er noch das Wort gesprochen,
hat ihn der Jubel unterbrochen,
der von der Rhede jauchzend schallt.
Mit fremden Schätzen reich beladen,
kehrt zu den heimischen Gestaden
der Schiffe mastenreicher Wald.

Der königliche Gast erstaunet:
„Dein Glück ist heute gut gelaunet,
doch fürchte seinen Unbestand.
Der Kreter waffenkund'ge Schaaren
bedräuen dich mit Kriegsgefahren;
schon nahe sind sie diesem Strand.“

Und eh ihm noch das Wort entfallen,
da sieht man's von den Schiffen wallen,
und tausend Stimmen rufen: „Sieg!
Von Feindesnoth sind wir befreiet,
die Kreter hat der Sturm zerstreuet,
vorbei, geendet ist der Krieg!“

Das hört der Gastfreund mit Entsetzen.
„Fürwahr, ich muss dich glücklich schätzen!
Doch“, spricht er, „zittr' ich für dein Heil.
Mir grauet vor der Götter Neide;
des Lebens ungemischte Freude
ward keinem Irdischen zu Theil.

Auch mir ist alles wohl gerathen,
bei allen meinen Herrscherthaten
begleitet mich des Himmels Huld;
doch hatt' ich einen theuren Erben,
den nahm mir Gott, ich sah ihn sterben,
dem Glück bezahlt' ich meine Schuld.

Drum, willst du dich vor Leid bewahren,
so flehe zu den Unsichtbaren,
dass sie zum Glück den Schmerz verleihn.
Noch Keinen sah ich fröhlich enden,
auf den mit immer vollen Händen
die Götter ihre Gaben streun.

© Verlag an der Ruhr ◆ Postfach 10 22 51 ◆ 45422 Mülheim an der Ruhr ◆ www.verlagruhr.de ◆ ISBN 978-3-8346-0566-5

Der Ring des Polykrates (F. von Schiller) (2/2)

Und wenn's die Götter nicht gewähren,
so acht' auf eines Freundes Lehren
und rufe selbst das Unglück her;
und was von allen deinen Schätzen
dein Herz am höchsten mag ergötzen,
das nimm und wirf's in dieses Meer!"

Und Jener spricht, von Furcht beweget:
„Von Allem, was die Insel heget,
ist dieser Ring mein höchstes Gut.
ihn will ich den Erinen* weihen,
ob sie mein Glück mir dann verzeihen",
und wirft das Kleinod in die Fluth.

Und bei des nächsten Morgens Lichte,
da tritt mit fröhlichem Gesichte
ein Fischer vor den Fürsten hin:

„Herr, diesen Fisch hab' ich gefangen,
wie keiner noch ins Netz gegangen,
dir zum Geschenke bring' ich ihn."

Und als der Koch den Fisch zertheilet,
kommt er bestürzt herbeigeeilet
und ruft mit hocherstauntem Blick:
„Sieh, Herr, den Ring, den du getragen,
ihn fand ich in des Fisches Magen,
O, ohne Grenzen ist dein Glück!"

Hier wendet sich der Gast mit Grausen:
„So kann ich hier nicht ferner hausen,
mein Freund kannst du nicht weiter sein.
Die Götter wollen dein Verderben;
fort eil' ich, nicht mit dir zu sterben."
Und sprach's und schiffte schnell sich ein.

** Rachegöttinnen*

Aufgaben:

1. Lies die Ballade. Schreibe alle glücklichen Ereignisse auf, die dem Polykrates widerfahren.
2. Was befürchtet Ägyptens König für Polykrates? Welchen Rat gibt er ihm?
3. Warum will er am Ende nicht mehr Polykrates' Freund sein? Wovor fürchtet er sich?
4. Nun sollt ihr die Ballade spielen.
   - ▶ Teilt euch euch dafür in Gruppen mit je 7 Schülern auf. Entscheidet euch für eine der folgenden Möglichkeiten:
     - *die Ballade als Theaterstück vorspielen,*
     - *die Ballade als Schattentheater mit Personen oder selbstgebastelten Stabfiguren vorspielen.*
   - ▶ Verteilt die Rollen.
   - ▶ Markiert die einzelnen Rollen mit verschiedenen Farben (Erzähler, Polykrates, Ägyptens König, Bote, jubelnde Krieger, Fischer, Koch), und übt den Vortrag/das Spiel. Welche Gefühle und welche Stimmung wollt ihr darstellen? Wie könnt ihr das am besten vermitteln? Wie könnt ihr die Entwicklung des Textes am besten darstellen?
   - ▶ Überlegt euch gleichzeitig schon mal, was ihr an Material/Requisiten für eure Wahl benötigt. Erstellt einen Plan, wer was besorgen kann. Besorgt das Nötige aus der Schule, oder bringt es von zu Hause mit.
   - ▶ Am Ende präsentiert ihr der Klasse euer Ergebnis.

Der Knabe im Moor

(Annette von Droste-Hülshoff)

i Droste-Hülshoff (1797–1848) veröffentlichte die Ballade „Der Knabe im Moor" erstmals 1842 in der Zeitschrift „Morgenblatt". Das Manuskript hatte vor der Veröffentlichung drei verschiedene Überschriften: *Im Moor, Das Kind* und schließlich *Der Knabe im Moor.*

Oh schaurig ists übers Moor zu gehn,
wenn es wimmelt vom Heiderauche,
sich wie Phantome die Dünste drehn
und die Ranke häkelt am Strauche,
unter jedem Tritte ein Quellchen springt,
wenn aus der Spalte es zischt und singt,
O schaurig ists übers Moor zu gehn,
wenn das Röhricht knistert im Hauche!

Fest hält die Fibel das zitternde Kind
und rennt, als ob man es jage;
hohl über die Fläche sauset der Wind –
Was raschelt drüben am Hage?
Das ist der gespenstische Gräberknecht,
der dem Meister die besten Torfe verzecht;
Hu, hu, es bricht wie ein irres Rind!
Hinducket das Knäblein zage.

Vom Ufer starret Gestumpf hervor,
unheimlich nicket die Föhre,
der Knabe rennt, gespannt das Ohr,
durch Riesenhalme wie Speere;
und wie es rieselt und knittert darin!
Das ist die unselige Spinnerin,
Das ist die gebannte Spinnlenor',
die den Haspel dreht im Geröhre!

Voran, voran! nur immer im Lauf,
voran, als wollt es ihn holen!
Vor seinem Fuße brodelt es auf,
es pfeift ihm unter den Sohlen
wie eine gespenstische Melodei;
Das ist der Geigemann ungetreu,
das ist der diebische Fiedler Kanuf,
der den Hochzeitheller gestohlen!

Da birst das Moor, ein Seufzer geht
hervor aus der klaffenden Höhle;
Weh, weh, da ruft die verdammte Margret:
„Ho, ho, meine arme Seele!"
Der Knabe springt wie ein wundes Reh;
wär nicht Schutzengel in seiner Näh,
seine bleichenden Knöchelchen fände spät
ein Gräber im Moorgeschwele.

Da mählich gründet der Boden sich,
und drüben, neben der Weide,
die Lampe flimmert so heimatlich,
der Knabe steht an der Scheide.
Tief atmet er auf, zum Moor zurück
noch immer wirft er den scheuen Blick:
Ja, im Geröhre wars fürchterlich,
O schaurig wars in der Heide!

Aufgaben:

1. Lies die Ballade. Wie interpretierst du die drei verschiedenen Überschriften, die Droste-Hülshoff über den Text setzen wollte?

2. Welche Figuren begegnen dem Knaben? Liste sie in deinem Heft auf.

3. Wodurch wird die schaurige Stimmung erzeugt? Unterstreiche im Text die passenden Wörter und Passagen.

4. Suche dir nun einen Partner für ein Rollenspiel: Zu Hause angekommen, erzählt der Junge seiner Mutter, was passiert ist und warum er nie wieder alleine durch das Moor laufen will. Was würde er wohl berichten? Was würde sie dazu sagen? Spielt der Klasse den Dialog vor!

5. Suche dir eine der Gestalten aus, die dem Jungen begegnet sind, und überlege dir, welche Geschichte sie wohl haben könnte. Schreibe die Geschichte in dein Heft.

Die Heinzelmännchen zu Köln

(August Kopisch) (1/2)

i Der Sage nach waren die Heinzelmännchen Hausgeister in Köln, die den Menschen die Arbeiten abnahmen. Kopisch (1799–1853) griff mit seiner Ballade von 1836 somit einen bereits bekannten Stoff auf. Die Heinzelmännchen tauchen noch heute in zahlreichen Büchern auf, es gibt auch eine Verfilmung. Sie waren auch das Vorbild für die heute in manch deutschem Garten präsenten Gartenzwerge.

Wie war zu Köln es doch vordem
mit Heinzelmännchen so bequem!
Denn, war man faul, … man legte sich
hin auf die Bank und pflegte sich:
Da kamen bei Nacht,
ehe man's gedacht,
die Männlein und schwärmten
und klappten und lärmten,
und rupften
und zupften,
und hüpften und trabten
und putzten und schabten …
und eh ein Faulpelz noch erwacht, …
war all sein Tagewerk … bereits gemacht!

Die Zimmerleute streckten sich
hin auf die Spän' und reckten sich.
Indessen kam die Geisterschar
und sah was da zu zimmern war.
Nahm Meißel und Beil
und die Säg' in Eil;
und sägten und stachen
und hieben und brachen,
berappten
und kappten,
visierten wie Falken
und setzten die Balken …
Eh sich's der Zimmermann versah, …
klapp, stand das ganze Haus … schon fertig da!

Beim Bäckermeister war nicht Not,
die Heinzelmännchen backten Brot.
die faulen Burschen legten sich,
die Heinzelmännchen regten sich –
und ächzten daher
mit den Säcken schwer!
und kneteten tüchtig
und wogen es richtig,
und hoben
und schoben,
und fegten und backten
und klopften und hackten.
Die Burschen schnarchten noch im Chor:
Da rückte schon das Brot, … das neue, vor!

Beim Fleischer ging es just so zu:
Gesell und Bursche lag in Ruh.
Indessen kamen die Männlein her
und hackten das Schwein die Kreuz und Quer.
Das ging so geschwind
wie die Mühl' im Wind!
Die klappten mit Beilen,
die schnitzten an Speilen,
die spülten,
die wühlten,
und mengten und mischten
und stopften und wischten.
Tat der Gesell die Augen auf, …
Wapp! hing die Wurst da schon im Ausverkauf!

Beim Schenken war es so: es trank
der Küfer bis er niedersank,
am hohlen Fasse schlief er ein,
die Männlein sorgten um den Wein,
und schwefelten fein
alle Fässer ein,
und rollten und hoben
mit Winden und Kloben,

Die Heinzelmännchen zu Köln

(August Kopisch) (2/2)

und schwenkten
und senkten,
und gossen und panschten
und mengten und manschten,
und eh der Küfer noch erwacht,
war schon der Wein geschönt und fein gemacht!

Einst hatt' ein Schneider große Pein:
Der Staatsrock sollte fertig sein;
warf hin das Zeug und legte sich
hin auf das Ohr und pflegte sich.
Da schlüpften sie frisch
in den Schneidertisch;
da schnitten und rückten
und nähten und stickten,
und fassten
und passten,
und strichen und guckten
und zupften und ruckten,
und eh mein Schneiderlein erwacht:
war Bürgermeisters Rock ... bereits gemacht!

Neugierig war des Schneiders Weib,
und macht sich diesen Zeitvertreib:
streut Erbsen hin die andre Nacht,
die Heinzelmännchen kommen sacht:
eins fähret nun aus,
schlägt hin im Haus,
die gleiten von Stufen
und plumpen in Kufen,
die fallen
mit Schallen,
die lärmen und schreien
und vermaledeien!
Sie springt hinunter auf den Schall
mit Licht: husch husch husch husch! –
verschwinden all!

O weh! nun sind sie alle fort
und keines ist mehr hier am Ort!
Man kann nicht mehr wie sonsten ruhn,
man muss nun alles selber tun!
Ein jeder muss fein
selbst fleißig sein,
und kratzen und schaben
und rennen und traben
und schniegeln
und biegeln,
und klopfen und hacken
und kochen und backen.
Ach, dass es noch wie damals wär!
Doch kommt die schöne Zeit nicht wieder her!

Aufgaben:

1. Lies die Ballade „Die Heinzelmännchen zu Köln". In welche Teile kannst du den Text inhaltlich gliedern?
2. Was fällt dir sprachlich besonders auf?
3. Warum gibt es heute keine Heinzelmännchen mehr in Köln?
4. August Kopisch wollte mit dieser Ballade die Einwohner der Stadt Köln kritisieren. Was warf er ihnen vor?
5. Schreibe im Namen von August Kopisch einen Brief an die Bürger von Köln, und bringe darin Kopischs Vorwürfe klar zum Ausdruck. Vielleicht sagt ihnen Kopisch auch ganz konkret, was sie besser machen könnten?

Herr von Ribbeck auf Ribbeck im Havelland (Theodor Fontane) (1/2)

i Theodor Fontanes (1819–1898) Ballade entstand 1889. Herrn von Ribbeck gab es tatsächlich, und es gab auch einen Birnbaum auf der Gruft der Familie – sein Stumpf ist heute noch in der Ribbecker Kirche zu sehen.

Herr von Ribbeck auf Ribbeck im Havelland,
Ein Birnbaum in seinem Garten stand,
und kam die goldene Herbsteszeit
und die Birnen leuchteten weit und breit,
da stopfte, wenn's Mittag vom Turme scholl,
der von Ribbeck sich beide Taschen voll,
und kam in Pantinen ein Junge daher,
so rief er: „Junge, wiste 'ne Beer?"
Und kam ein Mädel, so rief er: „Lütt Dirn,
Kumm man röwer, ick hebb 'ne Birn."

So ging es viel Jahre, bis lobesam
der von Ribbeck auf Ribbeck zu sterben kam.
Er fühlte sein Ende. 's war Herbsteszeit,
wieder lachten die Birnen weit und breit;
da sagte von Ribbeck: „Ich scheide nun ab.
Legt mir eine Birne mit ins Grab."
Und drei Tage drauf, aus dem Doppeldachhaus,
trugen von Ribbeck sie hinaus,
alle Bauern und Büdner mit Feiergesicht
sangen „Jesus meine Zuversicht",
und die Kinder klagten, das Herze schwer: „He is dod nu.
Wer giwt uns nu 'ne Beer?"

So klagten die Kinder. Das war nicht recht –
Ach, sie kannten den alten Ribbeck schlecht;
der neue freilich, der knausert und spart,
hält Park und Birnbaum strenge verwahrt.
Aber der alte, vorahnend schon
und voll Misstraun gegen den eigenen Sohn,
der wusste genau, was damals er tat,
als um eine Birn' ins Grab er bat,
und im dritten Jahr aus dem stillen Haus
ein Birnbaumsprößling sproßt heraus.

Und die Jahre gingen wohl auf und ab,
längst wölbt sich ein Birnbaum über dem Grab,
und in der goldenen Herbsteszeit
leuchtet's wieder weit und breit.
Und kommt ein Jung' übern Kirchhof her,
So flüstert's im Baume: „Wiste 'ne Beer?"
Und kommt ein Mädel, so flüstert's: „Lütt Dirn,
Kumm man röwer, ick gew' di 'ne Birn."

So spendet Segen noch immer die Hand
des von Ribbeck auf Ribbeck im Havelland.

Aufgaben:

1. Was ist das Besondere an Herrn von Ribbeck?
2. Wie erringt er nach seinem Tod einen Sieg über seinen geizigen Sohn?
3. Was fällt dir sprachlich auf?
4. Suche dir nun einen Partner. Gestaltet einen Flyer, in dem ihr den Menschen vom Beispiel des Herrn von Ribbeck erzählt und sie auffordert, ebenfalls Gutes zu tun und großzügig zu sein. Die Ballade ist ein humoristisches Erzählgedicht – ihr dürft ruhig ebenfalls mit Humor an eure Aufgabe geben!

Einen Flyer gestalten – so geht's:

- Überlegt euch, wie euer Flyer aufgebaut sein soll.
- Überlegt euch, wie ihr die Geschichte von Herrn von Ribbeck wiedergeben könnt. Sammelt dann Argumente, warum man Gutes tun und großzügig sein sollte. Denkt daran, dass ihr den Leser überzeugen möchtet!
- Überlegt euch, welches Bildmaterial ihr verwenden wollt. Ihr dürft malen oder Fotos aus alten Zeitschriften, Katalogen etc. benutzen.
- Wenn ihr euch über Struktur, Wortwahl und Illustration im Klaren seid, könnt ihr loslegen.

Herr von Ribbeck auf Ribbeck im Havelland (Theodor Fontane) (2/2)

Die Ballade von Herrn von Ribbeck wurde in viele Sprachen übertragen. Auf der Internetseite der Familie von Ribbeck ist auch die englische Version nachzulesen.

Squire von Ribbeck at Ribbeck in Havelland

Squire von Ribbeck at Ribbeck in Havelland,
In his garden there stood a pear tree grand,
And when autumn came round, the golden tide,
And pears were glowing far and wide,
Squire von Ribbeck, when noon rang out, would first
Fill both his pockets full to burst.
And then, when a boy in his clogs came there,
He called: "My lad, do you want a pear?"
He would hail a girl that chanced to pass:
"Come over, I have a pear, little lass!"

(Quelle: www.vonribbeck.de/html/ribbeck_international.html#englisch)

Aufgaben:

1. Lest die erste Strophe der englischen Version, und versucht, sie zu übersetzen. Was ist anders als im deutschen Original?
2. Übertragt die Ballade in die heutige Sprache: Schreibt
   a) so, wie Jugendliche sprechen würden, oder
   b) in einem Dialekt.

Beispiel:
So könnte die Ballade auf Schwäbisch beginnen:

De Herr von Ribbeck auf Ribbeck im Havelland,
a Birnbaum in seim Gadde stand,
un kam de goldene Herbschtszeid
un de Birne leichteten weid und breid,
da schtopft, wenn's Middag vom Turm scholl,
de von Ribbeck sich baide Dasche voll,
un kam in Schlappe en Kerle her,
so rief er: „Kerle, willscht a Birn?"
Un kam a Mädel, so rief er: „Kloine,
komm ma daher, i han dir a Birn."

John Maynard (Theodor Fontane) (1/2)

i In der Nacht vom 8. auf den 9. August 1841 ereignete sich auf dem Erie-See in Amerika ein schreckliches Unglück: Kurz nachdem das Schiff Erie in Buffalo gestartet war, geriet es wegen falsch gelagerten Terpentins in Brand. Luther Fuller, der Steuermann, versuchte mit allen Mitteln, das Schiff trotzdem zum rettenden Ufer zu bringen. Von den 200 Passagieren überlebten neben ihm nur 29 andere. Luther Fuller überlebte zwar schwer verletzt, konnte aber die Katastrophe nicht verkraften und starb als Trinker im Armenhaus. Theodor Fontanes (1819–1898) Ballade über diese Geschichte erschien erstmals 1886.

„Wer ist John Maynard?“
„John Maynard war unser Steuermann,
aus hielt er, bis er das Ufer gewann,
er hat uns gerettet, er trägt die Kron’,
er starb für uns, unsre Liebe sein Lohn.
John Maynard.“

Die „Schwalbe“ fliegt über den Erie-See,
Gischt schäumt um den Bug wie Flocken von Schnee;
von Detroit fliegt sie nach Buffalo –
Die Herzen aber sind frei und froh,
und die Passagiere mit Kindern und Fraun
im Dämmerlicht schon das Ufer schaun,
und plaudernd an John Maynard heran
tritt alles: „Wie weit noch, Steuermann?“
Der schaut nach vorn und schaut in die Rund:
„Noch dreißig Minuten … Halbe Stund.“

Alle Herzen sind froh, alle Herzen sind frei
da klingt’s aus dem Schiffsraum her wie Schrei,
„Feuer!“ war es, was da klang,
ein Qualm aus Kajüt und Luke drang,
ein Qualm, dann Flammen lichterloh,
und noch zwanzig Minuten bis Buffalo.

Und die Passagiere, bunt gemengt,
am Bugspriet stehn sie zusammengedrängt,
Am Bugspriet vorn ist noch Luft und Licht,
Am Steuer aber lagert sich´s dicht,
und ein Jammern wird laut: „Wo sind wir? Wo?“
Und noch fünfzehn Minuten bis Buffalo.

Der Zugwind wächst, doch die Qualmwolke steht,
der Kapitän nach dem Steuer späht,
er sieht nicht mehr seinen Steuermann,
aber durchs Sprachrohr fragt er an:
„Noch da, John Maynard?“
„Ja, Herr. Ich bin.“

„Auf den Strand! In die Brandung!“
„Ich halte drauf hin.“
Und das Schiffsvolk jubelt: „Halt aus! Hallo!“
Und noch zehn Minuten bis Buffalo. –

„Noch da, John Maynard?“ Und Antwort schallt’s
mit ersterbender Stimme: „Ja, Herr, ich halt’s!“
Und in die Brandung, was Klippe, was Stein,
jagt er die „Schwalbe“ mitten hinein.
soll Rettung kommen, so kommt sie nur so.
Rettung: der Strand von Buffalo!

© Verlag an der Ruhr ◆ Postfach 10 22 51 ◆ 45422 Mülheim an der Ruhr ◆ www.verlagruhr.de ◆ ISBN 978-3-8346-0566-5

John Maynard (Theodor Fontane) (2/2)

Das Schiff geborsten. Das Feuer verschwelt.
Gerettet alle. Nur *einer* fehlt!

Alle Glocken gehn; ihre Töne schwell'n
himmelan aus Kirchen und Kapell'n,
ein Klingen und Läuten, sonst schweigt die Stadt,
Ein Dienst nur, den sie heute hat:
Zehntausend folgen oder mehr,
und kein Aug' im Zuge, das tränenleer.

Sie lassen den Sarg in Blumen hinab,
mit Blumen schließen sie das Grab,
und mit goldner Schrift in den Marmorstein
schreibt die Stadt ihren Dankspruch ein:
„Hier ruht John Maynard! In Qualm und Brand
hielt er das Steuer fest in der Hand,
er hat uns gerettet, er trägt die Kron,
er starb für uns, unsre Liebe sein Lohn.
John Maynard."

<u>Aufgaben:</u>

1. Lies die Ballade. Wie verändert sich die Stimmung auf dem Schiff in den einzelnen Strophen?
2. Wie erzeugt Fontane Spannung?
3. Was hat Fontane gegenüber dem tatsächlichen Erlebnis geändert?
4. Nun sollt ihr in Dreiergruppen eine Todesanzeige für John Maynard entwerfen.
   - ▶ Sammelt dazu zunächst verschiedene Todesanzeigen und vergleicht sie:
     - Was haben alle gemeinsam, worin unterscheiden sie sich?
     - Welches sind die wichtigsten Merkmale?
     - Welche Aspekte sagen euch zu/gefallen euch nicht?
   - ▶ Entwerft dann eine eigene Todesanzeige für John Maynard. Wer könnte sie verfassen? Was hätte er wohl über John Maynard zu sagen?
   - ▶ Gestaltet die Anzeige auf einem DIN-A4-Blatt oder am Computer.

Die Brücke am Tay
(Theodor Fontane) (1/2)

Sturmkatastrophe

England. Die Brücke von Dundee in Schottland über die Mündung des Flusses Tay war eines der gewagtesten und großartigsten Werke. Für senkrechten Druck vollständig richtig berechnet, zog sie sich, in ihrer Länge fast wie ein Drahtseil anzusehen, über die weite Distanz in schwindelnder Höhe über den Wasserspiegel. In der Silvesternacht war nun ein furchtbarer Sturm, sodass die Anwohner es für eine Vermessenheit hielten, wenn der Edinburger Zug die Passage wage. Er wagte sie; aber nach kurzer Zeit sah man gleichsam einen Kometenschweif ins Meer versinken. Die Brücke war auf großer Strecke gebrochen, und der ganze Zug verschwand spurlos in der Tiefe; auch nicht eine Seele erreichte das jenseitige Ufer, und selbst später fand man in den zertrümmerten Wagen nur noch eine Leiche, alle anderen – wenigstens 100 – waren ins Meer weggespült. Offenbar hat der Seitendruck, welchen der Orkan ausübte, den Zug mit der Brücke ins Wasser geworfen.

(„Zürcherische Freitagszeitung" vom 9. Januar 1880)

<u>Aufgaben:</u>

1. Fasse den Inhalt des Zeitungsartikels in zwei Sätzen zusammen.
2. Suche dir einen Partner. Eure Aufgabe ist es nun, über das Geschehen eine Ballade zu schreiben. Nehmt euch einfach euren „Balladen-Steckbrief" zu Hilfe, um vorab die wichtigsten Entscheidungen für eure Ballade zu fällen.
   - ▶ Überlegt euch, aus wessen Sicht ihr die Geschichte erzählen möchtet. Das kann eine Person sein, es kann aber auch eine Naturmacht, das Meer oder auch der Zug sein.
   - ▶ Überlegt euch auch, was ihr mit eurer Ballade aussagen möchtet.
   - ▶ Überlegt euch, wie ihr die Ballade aufbauen könnt.
   - ▶ Welche Stimmung wollt ihr erzeugen? Welche sprachlichen Mittel könnt ihr dafür verwenden?
3. Tragt eure Ballade der Klasse vor. Bemüht euch um einen möglichst lebendigen Vortrag.

<u>Eine Ballade schreiben – so geht's:</u>

- ▶ Verfasse die Geschichte in Reimform (Paarreim aabb oder Kreuzreim abab).
- ▶ Die Geschichte wird zu Strophen zusammengefasst, die meist gleich lang sind (z.B. 4 oder 6 Verszeilen = eine Strophe).
- ▶ Ein Satz kann auch über eine Zeile hinweg geführt werden.
- ▶ Die Ballade muss so geschrieben sein, dass du sie gut laut vortragen kannst
- ▶ Oft gibt es einen Refrain.
- ▶ Oft gibt es Ausrufe wie „oh", „ach" usw.
- ▶ Oft werden Dialoge verwendet.

© Verlag an der Ruhr ◆ Postfach 10 22 51 ◆ 45422 Mülheim an der Ruhr ◆ www.verlagruhr.de ◆ ISBN 978-3-8346-0566-5

Die Brücke am Tay
(Theodor Fontane) (2/2)

Theodor Fontane (1819–1898) hat diese Ballade auf die Meldung auf dem Arbeitsblatt „Die Brücke am Tay (1/2)" hin geschrieben.

„Wann treffen wir drei wieder zusamm'?"
„Um die siebente Stund', am Brückendamm."
„Am Mittelpfeiler."
„Ich lösch die Flamm'."
„Ich mit."
„Ich komme vom Norden her."
„Und ich vom Süden."
„Und ich vom Meer."

„Hei, das gibt ein Ringelreihn,
und die Brücke muss in den Grund hinein."
„Und der Zug, der in die Brücke tritt
um die siebente Stund'?"
„Ei, der muss mit."
„Muss mit."
„Tand, Tand
ist das Gebild von Menschenhand."

Auf der Norderseite, das Brückenhaus –
alle Fenster sehen nach Süden aus,
und die Brücknersleut', ohne Rast und Ruh
und in Bangen sehen nach Süden zu,
sehen und warten, ob nicht ein Licht
übers Wasser hin „ich komme" spricht,
„ich komme, trotz Nacht und Sturmesflug,
ich, der Edinburger Zug."

Und der Brückner jetzt: „Ich seh einen Schein
am andern Ufer. Das muss er sein.
Nun, Mutter, weg mit dem bangen Traum,
unser Johnnie kommt und will seinen Baum,
und was noch am Baume von Lichtern ist,
zünd alles an wie zum heiligen Christ,
der will heuer zweimal mit uns sein, –
und in elf Minuten ist er herein."
Und es war der Zug. Am Süderturm
keucht er vorbei jetzt gegen den Sturm,
und Johnnie spricht: „Die Brücke noch!
Aber was tut es, wir zwingen es doch.
Ein fester Kessel, ein doppelter Dampf,
die bleiben Sieger in solchem Kampf,
und wie's auch rast und ringt und rennt,
wir kriegen es unter: das Element."
(…)

Auf der Norderseite, das Brückenhaus –
alle Fenster sehen nach Süden aus,
und die Brücknersleut' ohne Rast und Ruh
und in Bangen sehen nach Süden zu;
denn wütender wurde der Winde Spiel,
und jetzt, als ob Feuer vom Himmel fiel,
erglüht es in niederschießender Pracht
überm Wasser unten … Und wieder ist Nacht.

„Wann treffen wir drei wieder zusamm'?"
„Um Mitternacht, am Bergeskamm."
„Auf dem hohen Moor, am Erlenstamm."
„Ich komme."
„Ich mit."
„Ich nenn euch die Zahl."
„Und ich die Namen."
„Und ich die Qual."
„Hei!
Wie Splitter brach das Gebälk entzwei."
„Tand, Tand
ist das Gebilde von Menschenhand."

Aufgaben:

1. Wer spricht zu Beginn und am Ende der Ballade?
2. Wodurch verdeutlicht Fontane die Gefühle der Betroffenen und Angehörigen?
3. Was will Fontane mit den letzten beiden Zeilen sagen? Was kritisiert er?
4. Stellt einen inhaltlichen Vergleich zu der von euch verfassten Ballade an!

Ballade (Joachim Ringelnatz)

i Hans Gustav Bötticher (1883–1934) ist heute als Joachim Ringelnatz wegen seiner humoristischen Gedichte bekannt und beliebt. Zu seinen Lebzeiten war er oft in Geldnot, zum Schluss völlig verarmt. Unter Hitler hatte er Auftrittsverbot. Sein Ruhm begann erst nach 1945.

Tief im Innersten von Sachsen
überfielen eines Abends zwei
halbwüchsige Knorpel von Schweinshaxen
eine Bulldogge aus der Walachei.

Sie umzingelten den alten Hund
hinterlistig wollten sie das matte
Tier, das keine Zähne mehr im Mund
und auch keine Haare darauf hatte,

an den Augen treffen, hinterher
ihm die Zunge schlitzen und durch Zwicken
seinen Gaumen reizen und noch mehr,
um zuletzt ihn plötzlich zu ersticken.

Wollten so. Jedoch es kam nicht so.
Denn die Dogge, ohne sich zu wehren,
zog den Schwanz ein, heulte laut und floh,
und begann sofort sich zu vermehren.

Und die neuen jungen Hunde knurrten
schon am selben Tag, als man sie warf,
hatten spitze Zähne, und sie wurden
ganz speziell auf Haxenknochen scharf.

Und die Enkelhunde bissen später
jede Haxe ohne Unterschied
und so rächt die Sünde sich der Väter
bis ins tausendste und letzte Glied.

Aufgaben:

1. Lies die Ballade. Was haben die Schweinshaxen vor? Wie wird ihr Plan vereitelt?
2. Wofür könnte die Ballade exemplarisch stehen? Was meint der Autor wohl damit?
3. Wie unterscheidet sich die Ballade inhaltlich und formell von den klassischen Balladen (z.B. von Goethe oder Schiller)?
4. Dichte nun selbst eine humoristische Ballade, in der du ein seltsames Phänomen erklärst. Orientiere dich dabei an der Form der Ballade von Ringelnatz.
   Beispiele:
   - Warum es immer dann nicht regnet, wenn man einen Regenschirm dabei hat.
   - Warum Brote, wenn sie runterfallen, stets auf die bestrichene Seite fallen.
   - Warum es an der Kasse, an der man sich anstellt, immer länger dauert als an anderen Kassen.

   Ihr könnt vorher weitere Ideen in der Klasse sammeln.

Die Ballade vom Nachahmungstrieb (Erich Kästner) (1/2)

i Die Vorlage zur „Ballade vom Nachahmungstrieb“ entnahm Erich Kästner (1899–1974) einem Pressebericht im Jahre 1930.

Es ist schon wahr: Nichts wirkt so rasch wie Gift!
Der Mensch, und sei er noch so minderjährig,
ist, was die Laster dieser Welt betrifft,
früh bei der Hand und unerhört gelehrig.

Im Februar, ich weiß nicht am wievielten,
geschah's, auf irgendeines Jungen Drängen,
dass Kinder, die im Hinterhofe spielten,
beschlossen, Naumanns Fritzchen aufzuhängen.

Sie kannten aus der Zeitung die Geschichten,
in denen Mord vorkommt und Polizei.
Und sie beschlossen, Naumann hinzurichten,
weil er, so sagten sie, ein Räuber sei.

Sie steckten seinen Kopf in eine Schlinge.
Karl war der Pastor, lamentierte viel
und sagte ihm, wenn er zu schrein anfinge,
verdürbe er den anderen das Spiel.

Fritz Naumann äußerte, ihm sei nicht bange.
Die andern waren ernst und führten ihn.
Man warf den Strick über die Teppichstange,
und dann begann man, Fritzchen hochzuziehn.

Er sträubte sich. Es war zu spät. Er schwebte.
Dann klemmten sie den Strick am Haken ein.
Fritz zuckte, weil er noch ein bisschen lebte.
Ein kleines Mädchen zwickte ihn ins Bein.

Er zappelte ganz stumm, und etwas später
verkehrte sich das Kinderspiel in Mord.
Als das die sieben kleinen Übeltäter
erkannten, liefen sie erschrocken fort.

Noch wusste niemand von dem armen Kinde.
Der Hof lag still. Der Himmel war blutrot.
Der kleine Naumann schaukelte im Winde.
Er merkte nichts davon. Denn er war tot.

Frau Witwe Zickler, die vorüber schlurfte,
lief auf die Straße und erhob Geschrei,
obwohl sie doch dort gar nicht schreien durfte.
Und gegen Sechs erschien die Polizei.

Die Mutter fiel in Ohnmacht vor dem Knaben.
Und beide wurden rasch ins Haus gebracht.
Karl, den man festnahm, sagte kalt: „Wir haben
es nur wie die Erwachsenen gemacht.“

Quelle: Kästner, Erich (Hg.: Hartung, Harald): Zeitgenossen, haufenweise. Gedichte. (Bd. I der Reihe „Werke“) ISBN: 3-446-19563-7. Hanser, 1998. S. 207-208.

Die Ballade vom Nachahmungstrieb (Erich Kästner) (2/2)

Aufgaben:

1. Lest die Ballade vom Nachahmungstrieb. Diskutiert darüber in der Klasse.

2. Kästner hat die Geschichte einem Zeitungsartikel entnommen. Du sollst nun anhand der Informationen in seiner Geschichte selber einen sachlichen, seriösen Zeitungsbericht verfassen. Dazu musst du zunächst W-Fragen an den Text stellen (Was? Wer? Wann? Wo? Warum? Wie? ...) und die Antworten finden. Wo dir Informationen fehlen, kannst du diese einfach erfinden.

Einen Zeitungsbericht schreiben – so geht's:

- Zeitungsberichte beginnen mit den wichtigsten Aspekten eines Themas. Im ersten Abschnitt solltest du darum die wichtigsten W-Fragen zum Thema beantworten, in den folgenden die weniger wichtigen. Der Einstieg sollte möglichst lebendig sein.
- Das Resultat des Geschehens steht zunächst im Vordergrund; der folgende Bericht zeigt dann, wie es dazu gekommen ist.
- Auch die Hintergründe solltest du, sofern bekannt, kurz erläutern. Betroffene können mit Zitaten zu Wort kommen.
- Dein Text sollte faktenorientiert sein. Er darf keine persönlichen Kommentare, Bewertungen etc. enthalten.
- Die Sprache muss sachlich sein. Verwende einen knappen und präzisen Satzbau.

Ballade vom preußischen Ikarus
(Wolf Biermann)

i Der Liedermacher Wolf Biermann (geb. 1936) siedelte als 17-Jähriger von Westdeutschland in die damalige DDR (Deutsche Demokratische Republik) um. Er war lange Zeit Anhänger des Sozialismus, brachte aber seine Kritik an der Führung des Staates zum Ausdruck und erhielt darum für lange Jahre Auftrittsverbot. Als er 1976 in die BRD (Bundesrepublik Deutschland) reisen und in Köln ein Konzert geben durfte, sang er als Zugabe die „Ballade vom preußischen Ikarus". Einen Tag danach wurde er ausgebürgert.

Da, wo die Friedrichstraße sacht
den Schritt über das Wasser macht
da hängt über der Spree
die Weidendammer Brücke. Schön
kannst du da Preußens Adler sehn
wenn ich am Geländer steh
dann steht da der preußische Ikarus
mit grauen Flügeln aus Eisenguss
dem tun seine Arme so weh
er fliegt nicht weg – er stürzt nicht ab
macht keinen Wind – und macht nicht schlapp
am Geländer über der Spree.

Der Stacheldraht wächst langsam ein
tief in die Haut, in Brust und Bein
ins Hirn, in graue Zelln
Umgürtet mit dem Drahtverband
ist unser Land ein Inselland
umbrandet von bleiernen Well'n
da steht der preußische Ikarus
mit grauen Flügeln aus Eisenguss
dem tun seine Arme so weh
er fliegt nicht hoch und er stürzt nicht ab
macht keinen Wind und macht nicht schlapp
am Geländer über der Spree.

Und wenn du weg willst, musst du gehn
ich hab schon viele abhaun sehn
aus unserem halben Land.
Ich halt mich fest hier, bis mich kalt
dieser verhasste Vogel krallt
und zerrt mich übern Rand
dann bin ich der preußische Ikarus
mit grauen Flügeln aus Eisenguss
dann tun mir die Arme so weh
dann flieg ich hoch, und dann stürz ich ab
mach bisschen Wind – dann mach ich schlapp
am Geländer über der Spree.

(© Wolf Biermann, erschienen auf dem Album „Trotz alledem", 1978)

Aufgaben:

1. Lies die Ballade. Wo und wann spielt sich das Geschehen ab?

2. Welche Merkmale einer klassischen Ballade finden sich hier wieder, welche fehlen?

3. Wer war Ikarus überhaupt? Falls du es nicht weißt, recherchiere seine Geschichte in einem Lexikon über griechische Mythologie. Ziehe dann Vergleiche zu Biermanns Ikarus.

4. Tragt in der Klasse zusammen, was ihr über die DDR wisst. Recherchiert auch, z.B. in einem Lexikon. Warum wächst dem preußischen Ikarus Stacheldraht in die Haut? Welche Kritik an der DDR-Führung hat Biermann in seinen Text verpackt?

5. Sucht euch jeweils einen Partner. Stellt euch vor, ihr seid Journalisten und dürft direkt nach dem Konzert in Köln ein Interview mit Biermann machen. Denkt euch Fragen aus. Überlegt auch, was er antworten könnte. Führt der Klasse dann euer Interview vor.

Begriff und Geschichte (1/2)

Der Begriff **Moritat** oder auch **Schauerballade** stammt aus dem 19. Jahrhundert. Man versteht darunter eine Sonderform des **Bänkelsangs** („Bänkel“ wegen der Holzbank, von der aus das Lied vorgetragen wurde) mit einfacher Melodie. Moritaten sind aus den **Volksballaden** hervorgegangen und haben die **Kunstballaden** wiederum beeinflusst.

Sie berichten von schaurigen Ereignissen, oft von Morden. Man nimmt an, dass der Name sich vom gesungenen und dabei in die Länge gezogenen **„Mo-red-tat“** ableitet. Andere Deutungen des Begriffes gehen auf das lateinische **moritas**, erbauliche Geschichte/Moralität, oder das Rotwelsche Wort **more**, Handel (verweisend auf die Tatsache, dass Moritatensänger auch Händler waren), zurück.

Moritaten haben einen **leichten, unterhaltsamen Charakter** und wurden von den Sängern auf öffentlichen Plätzen vorgetragen. Da sie sowohl **informieren** als auch **unterhalten** und ihrem Sänger durch den Verkauf von Textheften **Geld einbringen** sollten, sind die Liedtexte zumeist sehr drastisch und übertrieben, ggf. auch richtiggehend „platt“ gestaltet. Durch Nennung von **Namen und Daten** sollte der Echtheitscharakter unterstrichen werden. Moritaten waren ursprünglich als **Abschreckungs- und Erziehungslieder** gedacht. Anders als in vielen Formen der Ballade, in denen die Sänger sich auf die Seite des Volkes begeben und beispielsweise eine Kindsmörderin in Schutz nehmen, wird in den Moritaten offen **angeklagt**. Hinrichtungen werden als logische Konsequenz gesehen. Kennzeichen der Moritaten sind daher auch die **moralisierenden Schlussworte.** Hinter den Moritatentexten verbergen sich oft Manipulationen durch die herrschende Obrigkeit, vorgetragen wurden sie oft im Auftrag der Verleger jener Texthefte. Neben den moralisierenden und erzieherischen Moritaten entstanden aber schnell auch die **satirischen/humoristischen Moritaten**. Viele der heute bekannten Texte sind bereits Parodien auf die ganz ursprüngliche Form.

Die Geschichte der Moritat

Im 16. und 17. Jahrhundert war die **„Newe Zeitung“** eine Vorform des Bänkelsangs. In ihr, meist ein einziges Blatt mit Informationen in Form gereimter Zeitungstexte und mit Bildern zur Untermauerung, wurden regionale wie auch internationale Ereignisse und sensationsheischende Informationen verbreitet. Es finden sich darin sowohl schaurige als auch seriös-informative Texte. Ein Sänger trug ihre Inhalte vor.

Im Laufe des 17. Jahrhunderts kristallisierte sich dann die **reine Moritat** heraus. Die politischen Ereignisse wurden nach Erfindung des Buchdrucks zunehmend durch **Zeitungen** verbreitet – also blieben den Bänkelsängern nur die **schaurigen, sensationsheischenden** Themen übrig. Dieser Wandel brachte es mit sich, dass der Bänkelsänger nicht mehr Informationsvermittler war, sondern zum Schausteller wurde. Zu **Beginn des 19. Jahrhunderts** erlebte die Moritat eine Blütezeit. Napoleon und seine Truppen boten sich als Feindbild an. Nachdem öffentliche Hinrichtungen abgeschafft wurden, ging den Moritatensängern jedoch der Stoff für ihre Lieder aus. Außerdem gab es sehr strenge Auflagen, welche Inhalte verbreitet werden durften und welche nicht.

Spätestens mit dem Aufkommen der **modernen Massenmedien** Radio und Kino war der Untergang der Moritat vorgezeichnet: Informationshunger und Sensationsgier konnten durch diese Medien schneller und effektvoller bedient werden.

© Verlag an der Ruhr ◆ Postfach 10 22 51 ◆ 45422 Mülheim an der Ruhr ◆ www.verlagruhr.de ◆ ISBN 978-3-8346-0566-5

Begriff und Geschichte (2/2)

Seit den 1930er Jahren gibt es keine Moritatensänger auf Jahrmärkten und öffentlichen Plätzen mehr. Ab 1900 entwickelte sich aber das politische Kabarett, in dem Anlehnungen an den Bänkelgesang und die Moritatendichtung zu finden sind. Nun war allerdings das Publikum ein gänzlich anderes: nicht mehr das gemeine Volk, das erzogen werden sollte, sondern das Bürgertum, das unterhalten werden wollte. Moritaten wurden aber weiterhin gedichtet. Eine der berühmtesten neueren Moritaten ist die „Moritat von Mackie Messer“ (1928) aus der „Dreigroschenoper“ von Bertolt Brecht (1898–1956). In Süddeutschland wurde die Moritat von einzelnen Bands in den letzten Jahren neu entdeckt.

(Quelle: Müller-Waldeck, Gunnar (Hrg.): Unter Reu' und bitterm Schmerz. Bänkelsang aus vier Jahrhunderten, Rostock 1981 (Hinstorff), ISBN: 3-546-44940-1, S. 263-286 (Nachwort)

Aufgaben:

1. Trage auf dem unten stehenden Zeitstrahl die wichtigsten Daten aus dem „Leben“ der Moritat ein!
2. Welche Medien setzen heute auf Sensationsgier und relativ oberflächliche Unterhaltung? Nenne mindestens drei Beispiele (Zeitungen, Fernsehmagazine ...).
3. Fällt dir ein Ereignis ein, von dem du gehört/gelesen hast, das sich vom Stoff her für eine Moritat eignen würde? Berichte der Klasse davon.

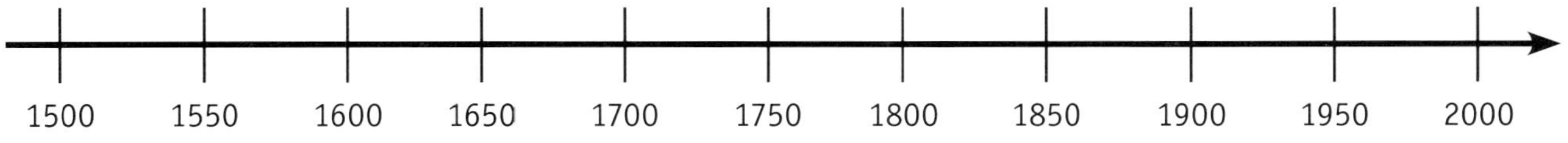

Merkmale einer Moritat

In einer Moritat wird ein **schauriges Ereignis**, oft ein Mord dargestellt. Das Sensationelle, teilweise auch Makabre wird im Detail geschildert. Das Lied soll einerseits über das Ereignis **informieren**, andererseits **unterhalten** – schließlich sollte es dem Moritatensänger Geld einbringen. Um dem Ganzen Echtheitscharakter zu verleihen, werden **Namen** und **Orte** genannt. Der Unterhaltungswert liegt in der Art, wie die Moritat gedichtet ist: Sie ist an einigen Stellen **komisch**, manchmal **ironisch**. Jede Moritat im ursprünglichen Sinn will aber auch zum besseren Menschen **erziehen**. Deshalb steht am Ende eine **moralisierende Aussage**. Das hat allerdings schnell für parodistische Varianten gesorgt, von denen heute weitaus mehr bekannt sind als von den ursprünglichen Texten.

Lieschen ging mit 14 Jahren

Lieschen ging mit 14 Jahren
in den tiefen Wald
Ihr Verfolger war ein Jüngling
18 Jahre alt

Unter einer alten Eiche
hat er sie gefragt
und nach einer halben Stunde
hat sie ja gesagt

Ja, ja, ja, ach ja,
ist traurig aber war
denn, denn, denn, ja denn
sie war erst 14 Jahr

und zu Hause angekommen
hat Mutter gefragt
Lieschen was ist denn geschehen
du bist ja so blass

Mutter gib mir eine Kammer
ganz für mich allein
denn in 36 Wochen
werd ich Mutter sein
Ja, ja, ja, ach ja, . . .

und nach 36 Wochen
wurde Lieschen krank
und sie lag mit ihrem Kinde
auf der Sterbensbank

rote Rosen, weiße Nelken
schmückten ihr das Grab,
und der blondgelockte Jüngling
bereute seine Tat
Ja, ja, ja, ach ja, . . .

Entstehungsdatum sowie Verfasser sind unbekannt.

Aufgaben:

1. Schreibe aus dem Informationstext alle Moritaten-Merkmale heraus.
2. Lies die Moritat „Lieschen ging mit 14 Jahren", die zum deutschen Volksgut gehört. Welche Merkmale findest du? Worin besteht der erzieherische Aspekt?
3. Versetzt euch nun ein paar Jahrhunderte in die Vergangenheit. Wählt einen Mitschüler aus. Er ist der Bänkelsänger, der zu Besuch gekommen ist, um euch zu unterhalten. Am besten stellt er sich z.B. auf eine Schulbank. Dann wird der Text vorgetragen, und zwar möglichst spannend und so, dass die Moral klar zum Ausdruck kommt. Mimik und Gestik sind dabei natürlich auch wichtig. Er kann sich auch eine Melodie ausdenken und die Moritat singen!
Es können auch mehrere Schüler vortragen.
Am Ende könnt ihr dann denjenigen küren, der die Geschichte am spannendsten vermittelt hat.

© Verlag an der Ruhr ◆ Postfach 10 22 51 ◆ 45422 Mülheim an der Ruhr ◆ www.verlagruhr.de ◆ ISBN 978-3-8346-0566-5

Merkblatt zum Interpretieren

Wenn man eine Moritat interpretieren möchte, sollte man folgende Dinge beachten:

1. Entstehung:

- Wie heißt die Moritat?
- Ist ein Autor bekannt? Wie heißt er?
- Aus welchem Jahr/welcher Epoche stammt die Moritat?

2. Inhaltliche Aspekte:

- Worum geht es in der Moritat? (kurze Zusammenfassung des Inhalts)
- Wer spricht?
- Welche Personen kommen vor, und wie stehen sie zueinander?
- Warum schrieb der Autor die Moritat? Was faszinierte ihn an der Geschichte?
- Ist ein Hintergrund zur Entstehung der Moritat bekannt? Wie verhält sich die Moritat zum Hintergrund?
- Mit welchen Mitteln schafft es der Autor, Spannung und Interesse beim Publikum zu erzeugen?
- Werden Namen von Personen oder Orten genannt, um einen Echtheitscharakter entstehen zu lassen?
- Ist die Moritat ein Erziehungs- und Abschreckungslied?
  - Wenn ja: Wozu soll erzogen werden? Wovor soll abgeschreckt werden? Was ist die Lehre?
  - Wenn nein: Was drückt sie stattdessen aus? Macht sie sich über etwas lustig? Worüber?

3. Formale Aspekte:

Strophen	Anzahl, Aufbau, Refrain (Vorhanden? Wie lautet der Text?)
Reimschema	Paarreim aabb oder Kreuzreim abab
Verwendung von Ausrufen/Dialogen?	
... von echten Personennamen/ Schauplätzen?	
Ggf.: sonstige sprachliche Besonderheiten?	

- Gibt es Besonderheiten/Abweichungen gegenüber anderen Texten?
- Was bewirkt die Wahl der jeweiligen formalen Aspekte?

Moritaten-Steckbrief

Name der Moritat: ______________________________

Autor: ______________________________

Entstehungsjahr/Epoche: ______________________________

Hintergrund: ______________________________

____

____

Inhalt/inhaltlicher Aufbau: ______________________________

____

____

Was faszinierte den Autor an der Geschichte: ______________________________

____

____

Wie wird Spannung erzeugt: ______________________________

____

____

Welche Namen sollen Echtheitscharakter erzeugen: ______________________________

____

____

Mögliche Intention des Autors/Moral: ______________________________

____

____

Formale Aspekte/Wirkung:

Anzahl der Strophen: ______________________________

Aufbau der Strophen: ______________________________

Refrain vorhanden: ☐ ja ☐ nein ______________________________

Reimschema: ______________________________

Enjambement vorhanden: ☐ ja ☐ nein Ausrufe vorhanden: ☐ ja ☐ nein ______________________________

Dialoge vorhanden: ☐ ja ☐ nein ______________________________

Ggf. sonstige sprachliche Besonderheiten: ______________________________

Der Moritatensänger

i

Moritaten- oder **Bänkelsänger** wurden die Männer genannt, die auf öffentlichen Plätzen, wie Marktplätzen und Jahrmärkten, auftraten und die Moritaten zum besten gaben. An ihrem ganzen Körper hingen kleine **Textbüchlein**, in denen die **Texte** ihrer Lieder und dazu passende **Bilder** in grellen Farben abgedruckt waren. Oft verkauften sie als Quacksalber auch noch allerlei Wundermittel gegen jede mögliche Krankheit.

Bänkelsänger galten als gescheiterte Persönlichkeiten, die auch mit den Landstreichern verglichen wurden. Nur durch den Verkauf ihrer Texthefte konnten sie sich ein kleines Einkommen sichern.

Um möglichst viel zu verkaufen, mussten sie sich anstrengen und ihren Liedvortrag mit **Mimik** und **Gestik** unterstreichen, sodass möglichst viele Leute ihnen begeistert zuhörten.

Der Bänkelsänger wurde manchmal von seiner Frau oder seinem Kind auf der Geige begleitet. War er alleine unterwegs, hatte er meist eine **Drehorgel** bei sich. Nicht fehlen durften außerdem die **Moritatentafeln**, auf denen die Ereignisse, die im Lied besungen wurden, bildhaft dargestellt waren.
Mit einem langen Stock zeigte er während seines Vortrages auf die Bilder.

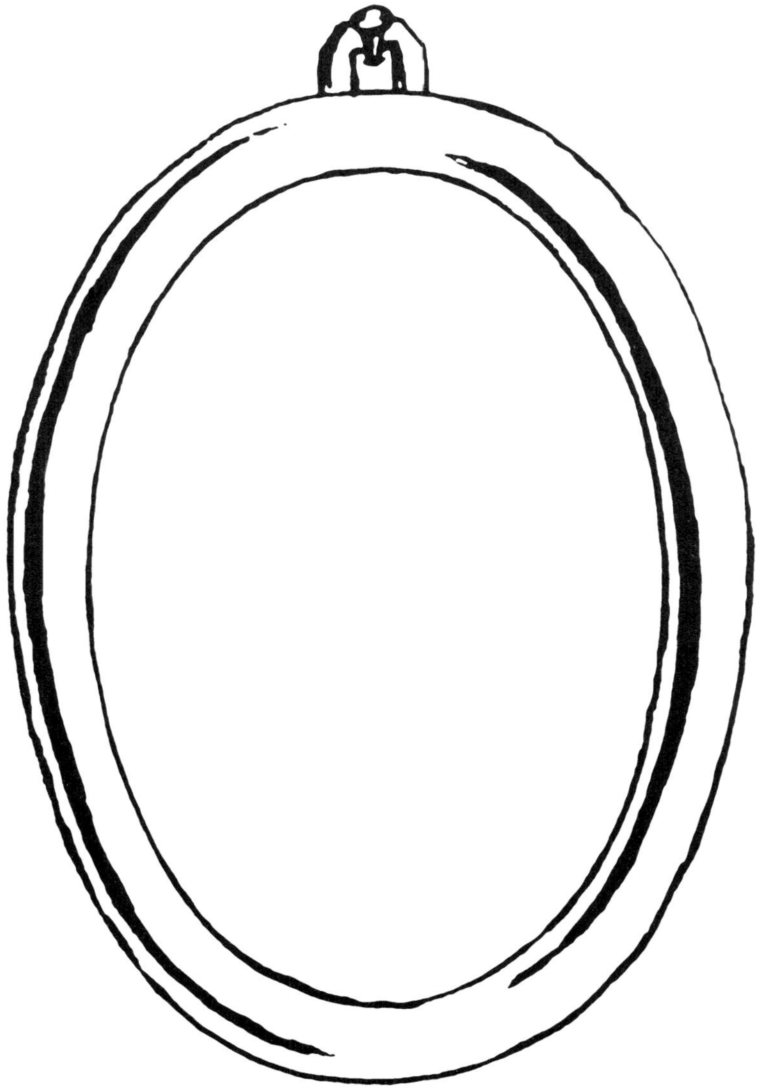

Aufgaben:

1. Lies den Informationstext. Was erfährst du über Aussehen und Kleidung des Bänkelsängers und die Gegenstände, die er mit sich trug?
2. Male nach den Angaben, die im Text stehen, einen Bänkelsänger.

© Verlag an der Ruhr ◆ Postfach 10 22 51 ◆ 45422 Mülheim an der Ruhr ◆ www.verlagruhr.de ◆ ISBN 978-3-8346-0566-5

Trauriges Ende einer Liebe

Quelle: www.gredbaenk-gsangl.de

Aufgaben:

1. Sieh dir die Bildtafel an.
2. Erzähle dazu eine Geschichte mit deinen Worten.
3. Schreibe die Geschichte auf. Denke daran, dass am Ende einer Moritat eine moralische Aussage stehen soll.

Die Schlange, die sich selbst auffraß

1. Am Kongofluss in Afrika, da lebte eine Schlange,
fraß Känguru und Paprika und war auch sonst nicht bange.
Amalia ward sie genannt, sie war bekannt im ganzen Land.
Am Kongofluss in Afrika, da lebte eine Schlange.

2. Nun kam es, dass in Afrika es anhub stark zu frieren,
und Känguru wie Paprika nicht konnten existieren.
Amalia, einst dick und fett, glich nun dem eigenen Skelett.
Nun kam es, dass in Afrika es anhub stark zu frieren.

3. Doch eh sie starb den Hungertod, aufblitzt ihr ein Gedanke:
„Ich habe ja", sprach sie, „zur Not den Schwanz im Vorratsschranke."
Und kaum gedacht, war's schon getan, sie fing am Schwanz zu knabbern an.
Doch eh sie starb den Hungertod, aufblitzt ihr ein Gedanke.

4. Als sie den Schwanz nun hat verspeist, der Appetit erwachte,
fraß weiter an dem Schlangenleib, das End sie nicht bedachte.
Denn ehe sie sich's recht versah, war von Amalien nichts mehr da.
Am Kongofluss, in Afrika, da lebte eine Schlange …

Entstehungsdatum sowie Verfasser sind unbekannt.

Aufgaben:

1. Warum kann man hier von einer Moritat sprechen?

2. Womit will der Verfasser beweisen, dass die Geschichte wahr ist?

3. Male für die Moritat eine Bildtafel, auf der zu sehen ist, wovon die Moritat berichtet. Male für jede Strophe ein Bild.

Moritatenrezept

Man nehme:

- eine schaurige Geschichte, z.B. einen Mord, einen Überfall, einen Diebstahl
- mindestens ein Opfer
- einen Verbrecher
- eventuell einen Refrain
- für den Wahrheitsgehalt: Namen, Orte, Jahreszahlen

Man mische alle Zutaten, sodass sie eine gereimte Form erhalten, und würze sie mit drastischen Darstellungen, komischen Elementen und Spannung.

Am Ende garniere man die Moritat mit einer moralischen Aussage.

Dazu reiche man eine Bildtafel, auf der das Geschehen dargestellt ist.

Aufgabe:

Lies das Moritatenrezept, und „koche“ deine eigene Moritat. Du kannst auch einen Zeitungsartikel mit einer „schaurigen“ Meldung zu Hilfe nehmen.

Sensationsgier heute

i Was früher die Moritatensänger erreichen wollten, nämlich Spannung zu erzeugen und ihr Publikum mit teilweise grausigen Details zu unterhalten, dafür sind heute oft die Massenmedien zuständig. In manchen Zeitungen wird ziemlich ausführlich von Verbrechen berichtet. Die Reporter stehen in Scharen vor Gerichtssälen und verfolgen die Prozesse.

Im Fernsehen kann man tagtäglich Krimis mit wilden Verfolgungsjagden, blutrünstigen Morden und gemeinen Verbrechern ansehen.

Aufgaben:

Gruppe A

1. Besorgt euch die Zeitungen der letzten Woche – am besten ganz verschiedene. Schneidet die Artikel aus, in denen von Verbrechen berichtet wird.
2. Untersucht die Artikel: Was wird berichtet? Wie wird berichtet? Welche Zeitungen sind besonders sensationsheischend? Stellt einen Vergleich an.
3. Wie wird die Sensationsgier der Menschen bedient?

Gruppe B

1. Besorgt euch verschiedene Fernsehzeitschriften der letzten beiden Wochen.
2. Schreibt heraus, welche Krimiserien, Horrorfilme und Informationssendungen zum Thema es innerhalb von zwei Wochen gibt.
3. Seht euch die Programmbeschreibungen an. Womit wird für den Film geworben?

Gruppe C

Führt an der Schule und/oder z.B. in der Innenstadt Interviews zum Thema „Sensationsgier“ durch. Nehmt dafür den Fragebogen „Mord und Totschlag“ zu Hilfe. Ihr könnt ihn auch abändern/einen ähnlichen Fragebogen erstellen und weitere Fragen ergänzen.
Arbeitet eure Ergebnisse dann statistisch auf.

Präsentation in der Klasse

Fasst eure Ergebnisse auf Plakaten oder Tageslichtprojektorfolien zusammen, und stellt sie der Klasse vor.

© Verlag an der Ruhr ◆ Postfach 10 22 51 ◆ 45422 Mülheim an der Ruhr ◆ www.verlagruhr.de ◆ ISBN 978-3-8346-0566-5

Mord und Totschlag

Sehr geehrte Damen und Herren,

ganz herzlichen Dank, dass Sie sich ein wenig Zeit für unseren Fragebogen nehmen. Diese Befragung findet vollkommen anonym statt und wird nur innerhalb unserer Klasse ausgewertet. Darum können Sie alle Fragen ganz ehrlich beantworten.

Ihre Klasse ______________________

Geschlecht: __________

Alter: __________

Beruf: ______________________________

Auf einer Skala von eins bis zehn (1 = gar nicht, 10 = sehr) …

a) … wie sehr interessieren Sie sich für Krimis, in denen es um Mord und Totschlag geht? __________

b) … wie sehr interessieren Sie sich für Horrorfilme? __________

c) … wie sehr interessieren Sie sich für Fernsehformate, die über tatsächlich begangene Verbrechen berichten? __________

d) … wie sehr interessieren Sie sich in Zeitungen für den Teil, in dem über Unfälle bzw. Verbrechen berichtet wird? __________

e) … wie sehr interessieren Sie sich dabei für die Details? __________

f) Wenn Sie bei den Fragen a) – e) relativ hohe Ziffern eingetragen haben: Können Sie erklären, was für Sie das Faszinierende an Geschichten von Verbrechen und Katastrophen ist? Wenn nicht: Warum interessieren Sie solche Geschichten nicht?

____

____

____

____

____

____

____

Des Pfarrers Tochter von Taubenhain (G.A. Bürger) (1/2)

i Zwei Texte zum Thema Kindsmord machen die unterschiedlichen Schwerpunkte von Ballade und Moritat deutlich. Das Thema Kindsmord tauchte im 18. Jahrhundert verstärkt in Werken der Literatur auf, meist ging es dann – wie im ersten Text – um Frauen, die sich verführen ließen und dann von Familie und Gesellschaft verstoßen wurden. Gottfried August Bürgers (1747–1794) Ballade von der Pfarrerstochter entstand 1778. Weil der Text ziemlich lang ist, findet ihr hier nur Ausschnitte.

Des Pfarrers Tochter von Taubenhain
War schuldlos, wie ein Täubchen.
Das Mädel war jung, war lieblich und fein,
Viel ritten der Freier nach Taubenhain,
Und wünschten Rosetten zum Weibchen. –
(…)

Er wusste sein Wörtchen so traulich und süß
In Ohr und Herz ihr zu girren! –
Ach, Liebender Glauben ist willig und zahm!
Er sparte kein Locken, die schüchterne Scham
Zu seinem Gelüste zu kirren.

Er schwur sich bei allem, was heilig und hehr,
Auf ewig zu ihrem Getreuen.
Und als sie sich sträubte, und als er sie zog,
Vermaß er sich teuer, vermaß er sich hoch:
„Lieb Mädel, es soll dich nicht reuen!"

Er zog sie zur Laube, so düster und still,
Von blühenden Bohnen umdüftet.
Da pocht' ihr das Herzchen; da schwoll ihr die Brust;
Da wurde vom glühenden Hauche der Lust
Die Unschuld zu Tode vergiftet. –
(…)

Der Vater, ein harter und zorniger Mann,
Schalt laut die arme Rosette:
„Hast du dir erbuhlt für die Wiege das Kind,
So hebe dich mir aus den Augen geschwind
Und schaff auch den Mann dir ins Bette!"
(…)

Sie warf sich ihm bitterlich schluchzend ans Herz;
Sie bat, sie beschwur ihn mit Zähren:
„O mach es nun gut, was du übel gemacht!
Bist du es, der so mich in Schande gebracht,
So bring auch mich wieder zu Ehren!" –
(…)

„Ho, Närrchen, so hab ich es nimmer gemeint!
Wie kann ich zum Weibe dich nehmen?
Ich bin ja entsprossen aus adligem Blut.
Nur Gleiches zu Gleichem gesellet sich gut;
Sonst müsste mein Stamm sich ja schämen."
(…)

Sie riss sich zusammen, sie raffte sich auf,
Sie rannte verzweifelnd von hinnen,
Mit blutigen Füßen, durch Distel und Dorn,
Durch Moor und Geröhricht, vor Jammer und Zorn
Zerrüttet an allen fünf Sinnen.

„Wohin nun, wohin, o barmherziger Gott,
Wohin nun auf Erden mich wenden?" –
Sie rannte, verzweifelnd an Ehr und an Glück,
Und kam in den Garten der Heimat zurück,
Ihr klägliches Leben zu enden.

Sie taumelt', an Händen und Füßen verklomt,
Sie kroch zur unseligen Laube;
Und jach durchzuckte sie Weh auf Weh,
Auf ärmlichem Lager, bestreuet mit Schnee,
Von Reisicht und rasselndem Laube.

© Verlag an der Ruhr ◆ Postfach 10 22 51 ◆ 45422 Mülheim an der Ruhr ◆ www.verlagruhr.de ◆ ISBN 978-3-8346-0566-5

Des Pfarrers Tochter von Taubenhain (2/2)

Es wand ihr ein Knäbchen sich weinend vom Schoß,
Bei wildem unsäglichen Schmerze.
Und als das Knäbchen geboren war,
Da riss sie die silberne Nadel vom Haar,
Und stieß sie dem Knaben ins Herze.

Erst, als sie vollendet die blutige Tat,
Musst ach! ihr Wahnsinn sich enden.
Kalt wehten Entsetzen und Grausen sie an. –
„O Jesu, mein Heiland, was hab ich getan?"
Sie wand sich das Bast von den Händen.

Sie kratzte mit blutigen Nägeln ein Grab,
Am schilfigen Unkengestade.
„Da ruh du, mein Armes, da ruh nun in Gott,
Geborgen auf immer vor Elend und Spott!
Mich hacken die Raben vom Rade!" –
(…)

Aufgaben:

1. Was erlebt und was tut die Pfarrerstochter? Wie wird ihr Tun begründet?
2. Welche Gefühle entwickelt der Leser für die Pfarrerstochter?
3. Welche Aussage steckt hinter dem Text?

Die Moritat von Pfarrer Pistorius

Zu Detmold lebt und tat viel Buß,
der Pfarrer Carl Pistorius.
Er, der zu Detmold Pfarrer war,
das Gute wollt er immerdar.

Daselbst lebt auch ein Mägdelein,
die wollt so gern Frau Pfarrer sein.
Verführt ihn eines Abends spat,
ein Knäblein war das Resultat.

Diese Schand ertrug der Pastor nicht.
Er bracht mit einem Kirchenlicht
das wohlgeborne Knäblein um,
entsetz dich laut, oh Publikum.

Die arme Mutter starb vor Gram,
noch eh sie aus den Wochen kam.
Und Kind und Mutter schliefen beid
den Schlaf der ewgen Seeligkeit.

Seine Schuld verbüßen musst Pistor
und schifft sich aus nach Baltimore.
Verbüßt die Schuld im fremden Land,
als saurer Essigfabrikant.

Und die Moral von der Geschicht:
Verführe keinen Pastor nicht,
denn einer von der Geistlichkeit
ist wahrlich keine Kleinigkeit!

Entstehungsdatum sowie Verfasser sind unbekannt.

Aufgaben:

1. Lies die Moritat. Welche Gründe werden für den Kindsmord genannt? Wie geht der Verfasser mit dem Thema um?
2. Welche Gefühle entstehen hier im Leser, und wie werden sie erzeugt?
3. Gibt es eine Moral/einen erzieherischen Effekt? Wie lautet sie/er?
4. Stelle einen Vergleich zu Bürgers Ballade „Des Pfarrers Tochter …" an. Ziehe sowohl sprachliche als auch inhaltliche Aspekte in Betracht.
5. Untersuche zuletzt den nebenstehenden Zeitungsartikel auf die Frage hin, wie im Vergleich zu den vorigen Texten mit dem Thema umgegangen wird. Welche unterschiedlichen Funktionen haben die drei Texte?

Mutter lässt Neugeborenes sterben

Köln, 27.12.06
Eine 26-jährige Mutter hat ihr Neugeborenes am zweiten Weihnachtstag nach der Geburt nicht versorgt und es so sterben lassen. Die Frau hatte das Baby am Dienstag im Badezimmer zur Welt gebracht, ohne dass es jemand merkte, teilten Polizei und Staatsanwaltschaft mit. Anschließend habe sie es in ein Laken gewickelt, sich gewaschen und dann das Badezimmer gereinigt. Sie verließ daraufhin die Wohnung und überließ das Kind sich selbst. Der 36-jährige Ehemann bemerkte das Kind wenig später, sagte jedoch aus, er habe sich zunächst mit einem Bekannten beraten wollen. Erst anschließend rief er die Rettungskräfte, bei deren Eintreffen das geschwächte Baby dann starb. Bei der Obduktion ergab sich, dass der Tod aufgrund von Unterkühlung und Atemnot wegen des Lakens eintrat. Die Mutter sitzt nun in Untersuchungshaft. Als Motiv nannte sie Scham, da das Kind aus einer unehelichen Beziehung stamme.

(Informationen nach: http://www.focus.de/panorama/welt/koeln_aid_121670.html)

Bolle reiste jüngst zu Pfingsten (1/2)

i Das Lied vom Berliner Original Bolle, der zu Pfingsten verreist, kennt fast jeder in Deutschland. „Bolle" war damals ein verbreiteter Spitzname, Tagesausflüge z.B. in den (damaligen) Berliner Vorort Pankow ein beliebter Zeitvertreib.

Bolle reiste jüngst zu Pfingsten (2/2)

In Pankow gabs kein Essen,
in Pankow gabs kein Bier,
war alles aufjefressen
von fremden Gästen hier.
Nich mal ne Butterstulle
hat man ihm reserviert!
Aber dennoch hat sich Bolle
janz köstlich amüsiert.

Auf der Schönholzer Heide,
da gab's ne Keilerei,
und Bolle, gar nicht feige,
war feste mang dabei,
hat's Messer rausgezogen,
und fünfe massakriert,
aber dennoch hat sich Bolle
janz köstlich amüsiert.

Schon fing es an zu tagen,
als er sein Heim erblickt.
Das Hemd war ohne Kragen,
das Nasenbein zerknickt,
das rechte Auge fehlte,
das linke marmoriert,
aber dennoch hat sich Bolle
janz köstlich amüsiert.

Als er nach Haus gekommen,
da gings ihm aber schlecht;
da hat ihn seine Olle
janz mörderlich verdrescht!
Ne volle halbe Stunde
hat sie auf ihm poliert,
aber dennoch hat sich Bolle
janz köstlich amüsiert.

Bolle wollte sterben,
er hat sich's überlegt.
Er hat sich auf die Schienen
der Kleinbahn hingelegt.
Die Kleinbahn hatt' Verspätung,
und vierzehn Tage drauf,
da fand man unsern Bolle
als Dörrgemüse auf!

Und Bolle wurd' begraben,
in einer alten Kist'.
Der Pfarrer sagte ‚Amen'
und warf ihn auf den Mist.
Die Leute klatschten Beifall,
und gingen dann nach Haus.
Und nun ist die Geschichte
von uns'rem Bolle aus!

Die Moritat stammt von ca. 1917, der Verfasser ist unbekannt.

Anhören

www.youtube.com/watch?v=v2jOa8aGbzU

Aufgaben:

1. Wovon handelt das Lied? Wodurch wird der Echtheitscharakter signalisiert?
2. Was für ein Mensch ist Bolle? Charakterisiere ihn.
3. Was fällt dir sprachlich auf?
4. Wie gelingt es dem Verfasser, zu unterhalten? Gibt es auch einen Erziehungseffekt, und wenn ja, ist dieser ernst zu nehmen?
5. Singt die Moritat.
6. Sucht euch einen Partner, und verfasst gemeinsam einen Spruch, der auf Bolles Grabstein stehen könnte.

Als die Römer frech geworden
(J.V. v. Scheffel) (1/2)

i Von der Varusschlacht im Jahre 9 n.Chr. erzählt die Moritat „Als die Römer frech geworden" von 1847 (Joseph Victor von Scheffel, 1826–1886). Der römische Feldherr Publius Quintilius Varus verlor damals mit seinen Soldaten gegen den germanischen Fürsten Arminius (Hermann). Ein Achtel des römischen Gesamtheeres wurde vernichtet. Die Versuche des römischen Heeres, die rechtsrheinischen Gebiete Germaniens (bis zur Elbe) zu erobern, waren gescheitert. Die Schlacht wird häufig zur Geburtsstunde Deutschlands verklärt.

Als die Römer frech geworden
zogen sie nach Deutschlands Norden
vorne mit Trompetenschall
ritt der Generalfeldmarschall,
Herr Quintilius Varus
Herr Quintilius Varus

In dem Teutoburger Walde,
huh! Wie pfiff der Wind so kalte,
Raben flogen durch die Luft,
und es war ein Moderduft,
wie von Blut und Leichen

Plötzlich aus des Waldes Duster
brachen kampfhaft die [1]Cherusker,
mit Gott für Fürst und Vaterland
stürzten sie sich wutentbrannt
auf die Legionen.

Weh, das ward ein großes Morden,
sie schlugen die Kohorten,
nur die röm'sche Reiterei
rettete sich noch ins Frei',
denn sie war zu Pferde.

O Quintili, armer Feldherr,
dachtest du, dass so die Welt wär'?
Er geriet in einen Sumpf,
verlor zwei Stiefel und einen Strumpf
und blieb elend stecken.

Da sprach er voll Ärgernussen
zum Centurio Titiussen:
„Kam'rad, zeuch dein Schwert hervor
und von hinten mich durchbohr,
da doch alles futsch ist."

Als das Morden war zu Ende,
rieb Fürst Hermann sich die Hände,
und um seinen Sieg zu weih'n,
lud er die Cherusker ein
zu 'nem großen Frühstück.

Wild gab's und westfäl'schen Schinken
Bier, soviel sie wollten trinken
auch im Zechen blieb er Held
doch auch seine Frau Thusneld
soff walküremäßig.

Nur in Rom war man nicht heiter,
sondern kaufte Trauerkleider;
g'rade als beim Mittagsmahl
Augustus saß im Kaisersaal,
kam die Trauerbotschaft.

Erst blieb ihm vor jähem Schrecken
ein Stück Pfau im Halse stecken,
dann geriet er außer sich
und schrie: „Vare, schäme dich
[2]Redde legiones!"

[1] germanischer Stammesverband

[2] Lateinisch, zu deutsch: „Gib die Legionen zurück!" Dieser Ausruf soll tatsächlich von Augustus stammen.

Als die Römer frech geworden
(J.V. v. Scheffel) (2/2)

Sein deutscher Sklave, Schmidt geheißen
dacht': Euch soll das Mäusle beißen
Wenn er sie je wieder kriegt
denn wer einmal tot daliegt
wird nicht mehr lebendig

Und zu Ehren der Geschichten
tat ein Denkmal man errichten,
Deutschlands Kraft und Einigkeit
kündet es jetzt weit und breit:
„Mögen sie nur kommen!"

Anhören

www.youtube.com/watch?v=qyrwweY5QVA

<u>Aufgaben:</u>

1. Lies die Moritat.

2. Was erfährst du über die historischen Ereignisse? Was ist wohl hinzugedichtet worden?

3. Was glaubst du: Was wollte der Verfasser mit seiner Moritat beim Zuhörer bewirken? Wie unterstützt die Liedform diese Absicht?

4. Was fällt dir sprachlich auf?

5. Suche dir einen Partner. Recherchiert über die Varusschlacht, beispielsweise in einem Lexikon oder in einem Geschichtsbuch.

6. Bereitet anschließend ein Rollenspiel vor: Ein Bote erscheint bei Kaiser Augustus, um ihm die schlechte Nachricht zu überbringen, um die sich die Moritat dreht. Augustus will natürlich alle Einzelheiten wissen. Was erzählt euch die Moritat über diese Szene? Was habt ihr darüber sonst noch recherchiert? Ihr dürft den Botenbericht ruhig weiter ausschmücken. Und wie reagiert der Kaiser? Besorgt euch die nötigen Utensilien, und führt euer Rollenspiel der Klasse vor.

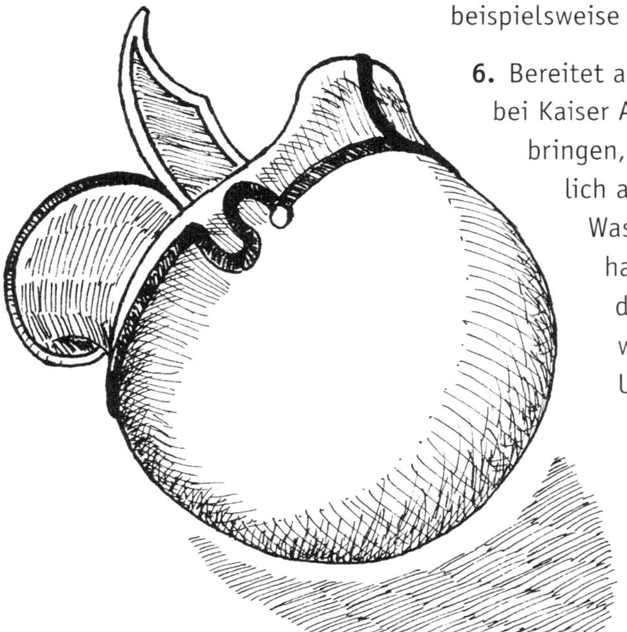

© Verlag an der Ruhr ◆ Postfach 10 22 51 ◆ 45422 Mülheim an der Ruhr ◆ www.verlagruhr.de ◆ ISBN 978-3-8346-0566-5

Lenchen ging im Wald spazieren

Das Motiv von der verführten Jungfrau taucht in Moritaten häufig auf. Meist nimmt es mit ihr ein böses Ende.

Lenchen ging im Wald spazieren,
Und sie war allein.
Doch da stellt sich zum Verführen
Gleich ein Jüngling ein.

Unter eine grüne Eiche
Hat er sie gebracht.
Sie war bleich wie eine Leiche
Als es war vollbracht.

Ja, ja, ja, ach ja,
S'ist traurig aber wahr.
Nein, nein, nein, ach nein,
Von einem Mal kann es nicht sein!

„Lenchen, deine Wangen bleichen!"
Sprach die Mutter einst.
„Kind, das sind sehr böse Zeichen;
Sag, warum du weinst!"

„Nimm dein Kind und bring's geschwinde
Diesem Jüngling hin!
Schreib dazu: Als Angebinde,
Weil ich Mutter bin."
Ja, ja, ja …

Drum, ihr Mädchen, lasst berühren
Euch von keinem Mann!
Denn er will euch nur verführen,
Darauf kommt's ihm an.

Entstehungsdatum sowie Verfasser sind unbekannt.

Anhören

www.youtube.com/watch?v=otzqOmqv4yk oder auf der CD „Deutsche Volkslieder" (Documents 2007).

Aufgaben:

1. Lies die Moritat.
2. Vergleiche die Moritat mit der Moritat „Lieschen ging mit 14 Jahren". Worin stimmen sie überein, worin unterscheiden sie sich?
3. Suche dir nun einen Partner deines Geschlechts. Die Mädchen überlegen sich nun Folgendes: Lenchens Geschichte ist heutzutage passiert. Zwei Freundinnen von ihr telefonieren miteinander, nachdem Lenchen ihrem „One-Night-Stand" das Baby gebracht hat. Was denken sie über Lenchens Schicksal und Verhalten? Welche Alternativen hätte Lenchen gehabt? Die Jungen überlegen sich ebenfalls ein Telefongespräch: Der Kindsvater hat gerade das Baby vor der Türe gefunden und ruft seinen besten Freund an. Was hat der Kindsvater wohl zu sagen? Wie fühlt er sich? Was rät ihm sein bester Freund? Überlegt euch vorher genau, welche Rolle die einzelnen Sprecher spielen („die Einfühlsame", „die Ratlose", …/„der Wütende", „der Draufgänger" …) Bei den Charakteren habt ihr freie Wahl. Spielt eure Dialoge anschließend der Klasse vor.

© Verlag an der Ruhr ◆ Postfach 10 22 51 ◆ 45422 Mülheim an der Ruhr ◆ www.verlagruhr.de ◆ ISBN 978-3-8346-0566-5

Der Tantenmörder (Frank Wedekind)

Die Idee zu seinem Text „Der Tantenmörder" gewann Wedekind (1864–1918) aus einer Gerichtsverhandlung gegen zwei Brüder namens Müller, die im Jahr 1736 ihre Tante in Berlin ermordeten. „Der Tantenmörder" war Bestandteil eines kabarettistischen Programms mit dem Namen „Die 11 Scharfrichter". Wedekind begleitete sich beim Vortragen selbst auf der Laute.

Ich hab meine Tante geschlachtet,
Meine Tante war alt und schwach;
Ich hatte bei ihr übernachtet
Und grub in den Kisten-Kasten nach.

Da fand ich goldene Haufen,
Fand auch an Papieren gar viel
Und hörte die alte Tante schnaufen
Ohn Mitleid und Zartgefühl.

Was nutzt es, dass sie sich noch härme –
Nacht war es rings um mich her –
Ich stieß ihr den Dolch in die Därme,
Die Tante schnaufte nicht mehr.

Das Geld war schwer zu tragen,
Viel schwerer die Tante noch.
Ich fasste sie bebend am Kragen
Und stieß sie ins tiefe Kellerloch. –

Ich hab meine Tante geschlachtet,
Meine Tante war alt und schwach;
Ihr aber, o Richter, ihr trachtet
Meiner blühenden Jugend-Jugend nach.

Aufgaben:

1. Lies die Moritat. Welche der typischen Merkmale einer Moritat lassen sich hier erkennen? Was spricht dafür, was dagegen, hier von einer Moritat zu sprechen?
2. Das Lied ist Teil eines Kabarett-Programms. Worin besteht der humoristische Effekt? Wenn du nicht genau weißt, was Kabarett ist, schlage zunächst in einem Lexikon nach. Die Begriffe „Satire" und „Parodie" spielen hier eine große Rolle.
3. Stelle dir vor, du bist der Anwalt des Tantenmörders. Vor Gericht hältst du nun ein Plädoyer (eine Verteidigungsrede) für den Angeklagten. Wie auch das Lied selbst, sollte deine Rede humoristisch sein.

- Wie jeder gute Anwalt solltest du gut vorbereitet sein. Denke dir also eine Vorgeschichte zu dem Mord aus, die den Angeklagten in einem ganz anderen Licht dastehen lässt.
- Denke daran, dass du den Richter und die Geschworenen davon überzeugen möchtest, dass die Strafe nicht zu hart ausfallen darf. Du solltest bei deinem Plädoyer also mächtig auf die Tränendrüse drücken und genug Argumente zur Verteidigung anführen. Einige findest du im Text, andere kannst du dir ausdenken.

Der Dieb und das Dienstmädchen – Gruppe A

i Ein Dienstmädchen lernt einen jungen Mann kennen und verliebt sich in ihn. Der junge Mann stellt sich schnell als Verbrecher heraus und bestiehlt die Herrschaft des Mädchens. Was dann passieren kann, zeigen die beiden Moritaten „Brigitte B.“ von 1905 (Frank Wedekind, 1864–1918) und „Sabinchen“ (Volksgut, entstanden wohl nach 1850).

Brigitte B.

Ein junges Mädchen kam nach Baden,
Brigitte B. war sie genannt,
Fand Stellung dort in einem Laden,
Wo sie gut angeschrieben stand.

Die Dame, schon ein wenig älter,
War dem Geschäfte zugetan,
Der Herr ein höherer Angestellter
Der königlichen Eisenbahn.

Die Dame sagt nun eines Tages,
Wie man zu Nacht gegessen hat:
Nimm dies Paket, mein Kind, und trag es
Zu der Baronin vor der Stadt.

Auf diesem Wege traf Brigitte
Jedoch ein Individuum,
Das hat an sie nur eine Bitte,
Wenn nicht, dann bringe er sich um.

Brigitte, völlig unerfahren,
Gab sich ihm mehr aus Mitleid hin.
Drauf ging er fort mit ihren Waren
Und ließ sie in der Lage drin.

Sie konnt es anfangs gar nicht fassen,
Dann lief sie heulend und gestand,
Dass sie sich hat verführen lassen,
Was die Madam begreiflich fand.

Dass aber dabei die Tournüre*
Für die Baronin vor der Stadt
Gestohlen worden sei, das schnüre
Das Herz ihr ab, sie hab sie satt.

Brigitte warf sich vor ihr nieder,
Sie sei gewiss nicht mehr so dumm;
Den Abend aber schlief sie wieder
Bei ihrem Individuum.

Und als die Herrschaft dann um Pfingsten
Ausflog mit dem Gesangverein,
Lud sie ihn ohne die geringsten
Bedenken abends zu sich ein.

Sofort ließ er sich alles zeigen,
Den Schreibtisch und den Kassenschrank,
Macht die Papiere sich zu eigen
Und zollt ihr nicht mal mehr den Dank.

Brigitte, als sie nun gesehen,
Was ihr Geliebter angericht',
Entwich auf unhörbaren Zehen
Dem Ehepaar aus dem Gesicht.

Vorgestern hat man sie gefangen,
Es lässt sich nicht erzählen, wo;
Dem Jüngling, der die Tat begangen,
Dem ging es gestern ebenso.

* *Gestell zur Hochraffung von Damenkleidern im 19. Jahrhundert*

Anhören

www.youtube.com/watch?v=ig_i9C_vkWg

Aufgaben:

1. Lies die Moritat, und fasse kurz zusammen, was Brigitte B. passiert ist.
2. Ist die Moritat deiner Meinung nach ernst zu nehmen oder eher parodistisch ausgerichtet?
3. Welche Moral hat die Geschichte?

Der Dieb und das Dienstmädchen – Gruppe B

i Ein Dienstmädchen lernt einen jungen Mann kennen und verliebt sich in ihn. Der junge Mann stellt sich schnell als Verbrecher heraus und bestiehlt die Herrschaft des Mädchens. Was dann passieren kann, zeigen die beiden Moritaten „Brigitte B." von 1905 (Franz Wedekind,1864–1918) und „Sabinchen" (Volksgut, entstanden wohl nach 1850.)

Sabinchen

Sabinchen war ein Frauenzimmer, gar hold und tugendhaft.
Sie diente treu und redlich immer bei ihrer Dienstherrschaft.
Da kam aus Treuenbrietzen ein junger Mann daher,
der wollte gern Sabinchen besitzen und war ein Schuhmacher.

Sein Geld hat er versoffen in Schnaps und auch in Bier.
Da kam er zu Sabinchen geloffen und wollte welch's von ihr.
Sie konnt' ihm keines geben, da stahl er auf der Stell'
Von ihrer guten Dienstherrschaft sechs silberne Blechlöffel.

Jedoch nach achtzehn Wochen, da kam der Diebstahl 'raus.
Da jagte man mit Schimpf und Schande Sabinchen aus dem Haus.
Sie rief: „Verfluchter Schuster, du rabenschwarzer Hund!"
Da nahm er sein Rasiermesser und schnitt ihr ab den Schlund.

Das Blut zum Himmel spritzt, Sabinchen fiel gleich um.
Der böse Schuster aus Treuenbrietzen, der stand um ihr herum.
In einem dunklen Kellerloch, bei Wasser und bei Brot,
da hat er endlich eingestanden die grausige Moritot.

Und die Moral von der Geschichte: Trau keinem Schuster nicht!
Der Krug, der geht so lange zu Wasser, bis dass der Henkel bricht.

Anhören

www.youtube.com/watch?v=SwQPdJxZAeM

Aufgaben:

1. Lies die Moritat, und fasse kurz zusammen, was Sabinchen passiert ist.
2. Ist die Moritat deiner Meinung nach ernst zu nehmen oder eher parodistisch ausgerichtet?
3. Welche Moral hat die Geschichte?

Der Dieb und das Dienstmädchen – beide Gruppen

Aufgabe:

Eure Aufgabe ist es nun, zu der jeweiligen „Dienstmädchen-Moritat" ein Hörspiel zu produzieren.
Gruppe A: „Brigitte B."
Gruppe B: „Sabinchen war ein Frauenzimmer"

Natürlich dürft ihr euch für euer Hörspiel einen eigenen Namen ausdenken! Am Ende können die Gruppen sich gegenseitig die Ergebnisse präsentieren und die Hörspiele inhaltlich vergleichen.

Ein Hörspiel produzieren – so geht's:

- Besorgt euch ein Aufnahmegerät und ein Mikrofon. Vielleicht steht euch auch ein Computer zur Verfügung? Stimmt euch mit eurem Lehrer über das technische Vorgehen ab.
- Seht euch den Text noch einmal genau an.
- Welche Stimmung vermittelt der Text? Welche Stimmung wollt ihr in eurem Hörspiel vermitteln?
- Teilt den Text in die Abschnitte ein, die ihr vertonen wollt.
- Verteilt die einzelnen Rollen. Überlegt euch, wie die Charaktere wohl am besten darzustellen sind.
- Am besten schreibt ihr den Text in Prosa um. Ihr könnt ein richtiges Drehbuch mit Regieanweisungen für die einzelnen Rollen verfassen: Wo werden Pausen gemacht? Wo werden Geräusche eingefügt? Wird laut oder leise gesprochen? Ruhig oder aufgeregt? Verliebt oder wütend? ...
- Überlegt euch, ob ihr nur mit Geräuschen und Dialogen arbeiten möchtet oder ob ihr einen weiteren Sprecher benötigt, der zwischendurch erzählt, was geschieht. Überlegt euch auch, wie ihr die Übergänge zwischen den einzelnen Szenen darstellen wollt (z.B. mit einem Schellen, einer kurzen Melodie ...). All diese Überlegungen fließen in das Drehbuch mit ein.
- Überlegt euch, wie ihr die Geräusche erzeugen könnt, die ihr einfügen wollt, und stellt die nötigen Materialien zusammen (z.B. eine Glocke zum Schellen; ein Stuhl zum plötzlichen Verrücken ...).
- Besonders wirkungsvoll ist Musik. Überlegt, welche Songs/Musikstücke ihr verwenden und wie ihr sie besorgen könntet. Vielleicht wollt ihr auch das Original-Lied mit einfließen lassen? Ihr könnt es auf Instrumenten spielen und/oder singen.
- Wenn ihr alles geplant habt, könnt ihr loslegen.

Das Schinderhannes-Lied (1/2)

i Der Schriftsteller Carl Zuckmayer (1896–1977) schrieb im Jahre 1927 über den berühmtesten deutschen Räuber Johannes Bückler (1777–1803) das Drama „Schinderhannes“ und das unten stehende Schinderhannes-Lied.
Den Spitznamen „Schinderhannes“ erhielt Bückler, weil er als Schinder (jemand, der die Körper von Tierleichen verbrennt, nachdem er die verwertbaren Teile entfernt hat) gearbeitet hat, bevor er Räuberhauptmann wurde. Obwohl er zum Rebell und Robin-Hood-artigen Helden verklärt wurde, war er vor allem ein gnadenloser und ausgefuchster Räuber, der in der Bevölkerung gefürchtet wurde.

Im Schneppebacher Forste,
Da geht der Teufel rumdibum
De Hals voll schwarzer Borste,
Und bringt die arme Kaufleut' um!

Das ist der Schinderhannes,
Der Lumpenhund der Galgenstrick,
Der Schrecken jedes Mannes,
Und auch der Weiberstück!

Im Soonewald, im Soonewald,
Steht manche dunkle Tann',
Darunter liegt begraben bald,
Ein braver Wandersmann.

Im Schneppebacher Forste,
Da geht der Teufel rumdibum,
Die Ank voll schwarzer Borste,
Und legt die junge Weibsleut um!

(Quelle: Zuckmayer, Carl: Meisterdramen. S. Fischer Verlag, 1971. ISBN: 3-10-696502-9. S. 67)

Das Schinderhannes-Lied (2/2)

Aufgaben:

1. Lies das Schinderhannes-Lied. Was erfährst du über den Räuber Schinderhannes?
2. Recherchiere über das Leben des Johannes Bückler, zum Beispiel hier: www.schinderhannes festspiele.de. Schreibe die wichtigsten Eckdaten aus seinem Leben heraus.
3. Wie stellst du dir die Figur des Schinderhannes nach dem, was du erfahren hast, vor? Verfasse anhand deiner Informationen eine Rollenbiografie. Sie sollte auch die Informationen aus dem Lied wieder aufnehmen, aber aus der Sicht des Schinderhannes! Was würde er wohl über sein Tun sagen?

Eine Rollenbiografie verfassen – so geht's:

- Mit einer Rollenbiografie kannst du eine Figur aus einem Text vorstellen. Es hilft, wenn du dir vorstellst, du wärest ein Regisseur, der die Rolle einem Schauspieler nahebringen will: Wie ist die Figur, und warum ist sie so geworden?
  Dazu musst du dich in diese Rolle hineinversetzen. Die Rollenbiografie wird in der Ich-Form geschrieben, und zwar in einer Sprache, von der du glaubst, dass die betreffende Figur sie verwenden würde. (Ist die Figur gebildet oder eher einfach? Drückt sie sich eher gewählt oder ordinär aus? Hat sie Humor? ...) Du kannst Details dazuerfinden, aber die Details, die du schon kennst, darfst du nicht ändern. Dafür darfst – und sollst – du aber die Sicht der Figur auf diese Dinge darstellen.
- So könnte deine Biografie anfangen:
  „Ich heiße eigentlich Johannes Bückler, aber alle nennen mich den „Schinderhannes". Ich bin ziemlich berühmt geworden, weil ... Geboren wurde ich ..."

Die Moritat von Mackie Messer

(Bertolt Brecht) (1/2)

i In der „Dreigroschenoper“ von Bertolt Brecht (1898–1956), die 1928 in Berlin uraufgeführt wurde, ist Mackie Messer der Chef einer Verbrecherbande in London. Obwohl das Theaterstück im viktorianischen England spielt, kritisiert es in Wirklichkeit die bürgerlich-kapitalistische Welt der Weimarer Republik. Die Zuschauer sollen zu einer kritischen Reflexion bewegt werden. Brecht nutzt die Moritat also für sozialkritische Themen. Mackie Messer gibt sich betont vornehm und überlässt das Morden, Stehlen und Vergewaltigen seinen Mitarbeitern. Durch die Freundschaft mit dem Polizeichef Tiger Brown gelingt es ihm lange Zeit, einer Festnahme zu entgehen.

Und der Haifisch, der hat Zähne
Und die trägt er im Gesicht
Und MacHeath, der hat ein Messer
Doch das Messer sieht man nicht.

Ach, es sind des Haifischs Flossen
Rot, wenn dieser Blut vergießt!
Mackie Messer trägt 'n Handschuh
Drauf man keine Untat liest.

An der Themse grünem Wasser
Fallen plötzlich Leute um!
Es ist weder Pest noch Cholera
Doch es heißt: MacHeath geht um.

An 'nem schönen blauen Sonntag
Liegt ein toter Mann am Strand
Und ein Mensch geht um die Ecke
Den man Mackie Messer nannt.

Und Schmul Meier bleibt verschwunden
Und so mancher reiche Mann
Und sein Geld hat Mackie Messer
Dem man nichts beweisen kann.

Jenny Fowler ward gefunden
Mit 'nem Messer in der Brust
Und am Kai geht Mackie Messer
Der von allem nichts gewusst.

Wo ist Alfons Glite, der Fuhrherr?
Kommt das je ans Sonnenlicht?
Wer es immer wissen konnte –
Mackie Messer weiß es nicht.

Und das große Feuer in Soho
Sieben Kinder und ein Greis
In der Menge Mackie Messer, den
Man nicht fragt und der nix weiß.

Und die minderjährige Witwe
Deren Namen jeder weiß
Wachte auf und war geschandet
Mackie, welches war dein Preis?

Und die Fische, sie verschwinden
Doch zum Kummer des Gerichts
Man zitiert am End den Haifisch
Doch der Haifisch weiß von nichts.

Und er kann sich nicht erinnern
Und man kann nicht an ihn ran
Denn ein Haifisch ist kein Haifisch
Wenn man nichts beweisen kann.

(Quelle: Brecht, Bertolt: Gedichte und Lieder aus Stücken. Suhrkamp Verlag, 1969. ISBN: 3-518-00009-8. S. 23–24.)

Die Moritat von Mackie Messer
(Bertolt Brecht) (2/2)

Anhören

www.youtube.com/watch?v=_QXJ3OXWaOY (gesungen von Bertolt Brecht selbst)

Aufgaben:

1. Lies den Text.
2. Gib die Handlung wieder, die sich hinter dem Text verbirgt.
3. Warum kann man Mackie nichts beweisen?
4. Warum wird er mit einem Haifisch verglichen?
5. Welche Kritik könnte Brecht durch diese Moritat an der Republik üben?
6. Am Ende landet Mackie Messer vor Gericht (auch wenn er anschließend nicht nur freigesprochen, sondern sogar in den Adelsstand erhoben wird). Verfasse anhand des Textes eine Anklageschrift, in der du alles auflistest, was ihm vorgeworfen wird! Wenn Fakten, die du brauchst, aus dem Text nicht hervorgehen, kannst du sie erfinden.

Eine Anklageschrift verfassen – Beispiel

Anklageschrift
Der KFZ-Mechaniker Jonas Jan, geboren am 17.08.1974 in Dortmund, wohnhaft in Köln, deutscher Staatsangehöriger, ledig, wird angeklagt, am 04.05.2009 in Köln durch zwei selbstständige Handlungen

1) einen Menschen rechtswidrig mit Gewalt zu einer Handlung genötigt zu haben,
2) ein Fahrzeug rechtswidrig in seinen Besitz gebracht zu haben.

Sachverhalt: Der Angeklagte bewegte sich gegen 16 Uhr ...

Beweismittel:
1. Zeuge: Jörg Habermann, Rennerstr 17, 30455 Leipzig
2. Urkunden: Ärztliches Attest Dr. med. König vom 04.05.2009

Wesentliches Ergebnis der Ermittlungen:
- Zur Person des Angeklagten (Charakter): Der Angeklagte gesteht seine Taten ein, zeigt aber keinerlei Reue. Dass der Kläger ernsthaft verletzt wurde, beschäftigte ihn nicht weiter ...
- Ergänzungen: ...

Es wird beantragt, das Hauptverfahren zu eröffnen.

Rolf Nierenstein (Staatsanwalt)

Ritter Hadubrand (Fredl Fesl) (1/2)

i Fredl Fesls (geb. 1947) „Ritter Hadubrand" entstand 1976. Der Kleinkünstler bezeichnet seine Werke als „bayrische und melankomische Lieder".

Herr Hadubrand lebt ohne Sorg, er lebt auf seiner Ritterborg
er war ein schrecklicher Barbur, und konnte saufen wie einer nur
ein Barbur ein Barbur, die Geschichte ist ganz wuhr
ein Barbur ein Barbar, die Geschichte ist ganz wahr … is doch klar …

Er liebte einst ein Mägdelein, und ging mit ihr Verlöbnis ein
der Ritter war ein finst'rer Mann, den niemand richtig leiden kann
Mägdelein sein nicht dump, lass ihn laufen diesen Lump
Mägdelein sein doch schlau, lass ihn laufen diese Sau … des reimt sich wenigstens …

Der Ritter hat in einer Nacht ihr ganz' Vermögen durchgebracht
trotzdem verließ er sie sofort, obwohl er Treue ihr geschwort
er ging fort, er ging fort, obwohl er Treue ihr geschwort
er ging fort, er ging fört, obwohl er Treue ihr geschwört …

Das Mägdelein das weinte sehr, es wahr halt nun kein Mägdlein mehr
sie stieg herab vom hohen Schloss, da floss vorbei ein tiefer Floss
in den Floß, in den Floß, sich das arme Mädchen schmoss
in den Floß, in den Fluss, sich das arme Mädchen schmuss … schön' Gruß …

Der Ritter schlief in seiner Kammer, er schlief da grad den süßen Schlammer
doch als die Glocke schlug 12 Uhr, da trat ein Schreckgespenst hervor
ein Gespenst riesengroß, es war das Mädchen aus dem Schloß
ein Gespenst riesengruß, es war das Mädchen aus dem Fluss … 's war no patschnass …

Der Ritter zittert und es grinst, ihn an das schreckliche Gespinst
schnell zieht er über Kopf und Wanst, die Bettdeck vor dem Schreckgespanst
das Gespanst, das Gespunst, tritt ans Bett heran und grunzt
das Gespunst, das Gespinst, tritt ans Bett heran und grinst … hi hi hi hi …

Das Mägdlein kam nun jede Nacht, hat an dem Ritter sich geracht
doch es half ihm keine Kunst, stets kam und heulte das Gespunst
Hadubrand, Hadubrand, pfui deifi und verschwand
Hadubrand, Hadubrund, pfui deifi und verschwund … ohne Grund …

Solch Geisterspuk oh welch ein Graus, hält selbst ein Rittersmann nicht aus
und eines Tag's in aller Fruh, fand man ihn tot am Kannapu
und so ward kaum vollbracht, fürchterlich die Tat geracht
und so ward kaum vollbrecht, fürchterlich die Tat gerächt …

(© Fredl Fesl, erschienen auf dem Album „Ein bayerischer Abend", Sony Music 1997)

© Verlag an der Ruhr ◆ Postfach 10 22 51 ◆ 45422 Mülheim an der Ruhr ◆ www.verlagruhr.de ◆ ISBN 978-3-8346-0566-5

Ritter Hadubrand (Fredl Fesl) (2/2)

Anhören

www.youtube.com/watch?v=orfCOMOLtrM

Aufgaben:

1. Lies die Moritat.
2. Denke noch einmal an die Geschichte der Ballade zurück (siehe auch Arbeitsblätter „Balladen – Grundlagen"). Gibt es etwas, woran diese Moritat dich erinnert? Wenn ja: Wie wird mit den Elementen einer möglichen historischen Vorlage umgegangen?
3. Wie unterhält die Moritat?
4. Gibt es eine moralisierende Aussage?
5. Schreibe zu den ersten vier Strophen ein Gegenteil-Gedicht.

Ein Gegenteil-Gedicht schreiben – So geht's:

- Bei einem Gegenteil-Gedicht schreibst du zu jedem Satz einen Gegensatz oder zu jedem Vers einen Gegenvers. Du kannst zum Beispiel das verneinen, was der ursprüngliche Satz aussagt. Oder du ersetzt einfach einzelne Wörter durch das Gegenteil. Du kannst auch dem gesamten Sinn einen „Gegen-Sinn" geben. Oft hast du mehrere Möglichkeiten.
- Ob sich die Sätze dann noch reimen, ist nicht so wichtig. Aber vielleicht bekommst du es ja hin? Wenn du einige Wortspiele à la Fesl einbaust, dürfte dir das das Reimen sogar erleichtern.

Beispiel:

„Herr Hadubrand lebt ohne Sorg, er lebt auf seiner Ritterborg." → *„Herr Hadubrand lebt voller Sorgen in der Wüste Ostermorgen."*

„Er war ein schrecklicher Barbur und konnte saufen wie einer nur." → *„Er war ein zartes Pflänzelein und ließ das Saufen lieber sein."*

Der Frauenmörder Wurm

(Georg Danzer) (1/2)

Die Moritat „Der Frauenmörder Wurm“ wurde von dem österreichischen Sänger Georg Danzer (1946 – 2007) gedichtet und gesungen.

A oide Frau geht einsam und verlassen
Um Mitternacht durch die Schönbrunner Straßn.
Es geht ka Tramway mehr um diese Zeit,
Und auch kein Taxi siecht ma weit und breit.
Vor einem Zeitungsstandl fallt sie nieder
Und lest: „Der Mörder Wurm, der mordet wieder!“
Sie stolpert weiter heimwärts vor sich hin,
Doch dieser Satz geht ihr nicht aus dem Sinn.

Wer schleicht herum
Bei Nacht und Sturm?
Des is der Frauenmörder Wurm!
Wer schleicht herum
Bei Nacht und Sturm?
Des is der Frauenmörder Wurm!

Die oide Frau kommt endlich bis zum Gürtel,
Sie waaß genau, das is ein böses Viertel!
Doch jetzt hat sie es nicht mehr weit nach Haus.
Sie rast sich bei der Stadtbahnhaltstell aus.
Doch wie sie weitergeht um d'nächste Ecken
Muss sie entdecken
Zu ihrem Schrecken:

Da steht so a Figur im Lampenschein,
Und ihr falln wieder diese Worte ein:

Wer schleicht herum
Bei Nacht und Sturm?
Des is der Frauenmörder Wurm!
Wer schleicht herum
Bei Nacht und Sturm?
Des is der Frauenmörder Wurm!

Die Oide geht mit Trippelschritten weiter,
Doch plötzlich wird ihr Antlitz wieder heiter!
Denn da steht nur a Madl mit sein Tascherl,
Das hat um seinen Hals ein rosa Mascherl.
Auf amal lacht die Oide wiara Irre
Und ziagt ein langes Kuchlmesser fire,
Und sie sagt nur: „Gestatten Sie, ich bin Hermine Wurm,
die Frauenmörderin!“

Ich schleich herum
Bei Nacht und Sturm,
Verkleidet als der Mörder Wurm!
Ich schleich herum
Bei Nacht und Sturm,
Verkleidet als der Mörder Wurm!

I bin vüi schlauer als die Polizei!
De Deppen fangen mi nie ei!“
Und nach getaner Tat verschwindet sie.
Den Mörder Wurm, den findt man nie!

(© Text: Georg Danzer, erschienen auf dem Album „Georg Danzer: Seine besten Lieder“, Brunswick 2003)

Der Frauenmörder Wurm

(Georg Danzer) (2/2)

Video ansehen

www.youtube.com/watch?v=Hqvl3ev6yRo

Aufgaben:

1. Lies die Moritat. Sieh dir auch das Musikvideo an.
2. Was fällt dir sprachlich auf?
3. Wie verändert sich die Stimmung im Laufe des Textes?
4. Woran erkennt man, dass dieses Lied eine Moritat ist?
5. Worin unterscheidet sich diese moderne Moritat von den alten Moritaten? Mit welchen Klischees spielt der Text?
6. Wie verhält sich das Video zum Text?
7. Bildet nun Dreier- oder Vierergruppen. Sucht euch eine der Moritaten aus, die ihr bisher bearbeitet habt. Es sollte ein Text sein, zu dem ihr auch eine Melodie habt (z.B. „Bolle reiste jüngst zu Pfingsten"). Stellt euch vor, ihr müsstet zu dem Lied ein Musikvideo drehen. Schreibt ein Drehbuch. Wenn ihr die technischen Möglichkeiten habt, könnt ihr es danach auch filmisch umsetzen, vielleicht sogar die Musik dazu selbst aufnehmen.

Ein Drehbuch für ein Musikvideo schreiben – so geht's:

- ▶ Sicher kennt ihr sehr viele Musikvideos. Es kann sich dabei um richtige kleine Geschichten handeln, um einzelne der beschriebenen Szenen oder einfach um Choreografien, die zu dem Lied passen. Manchmal ist auch etwas zu sehen, das erst bei näherem Hinsehen mit dem Inhalt des Liedes etwas zu tun hat (z.B. etwas, das parodistisch auf Elemente des Liedes Bezug nimmt). Ihr habt die freie Wahl, wie ihr euer Video gestalten wollt. Vielleicht seht ihr euch vorher einige Videos an.
- ▶ Überlegt euch genau, was geschehen soll. Am besten vermerkt ihr, während welcher Strophe was zu sehen sein soll. Gebt so genaue Anweisungen wie möglich, damit Schauspieler und Regieassistenz genau wissen, was sie benötigen und was sie zun haben.

Die Hofheimer Moritatensänger

In dem hessischen Städtchen Hofheim hat sich im Jahr 1987 eine Gruppe gegründet, die bei Stadtfesten und anderen Veranstaltungen berühmte und selbstgedichtete Moritaten mit Drehorgeln und Moritatentafeln vorträgt. Mittlerweile hat die Gruppe viele Freunde. Begonnen hat alles bei einem Schulfest, bei dem die Hofheimer Moritatensänger erstmals eine selbstgedichtete Moritat vortrugen. Eine dieser selbstgedichteten Moritaten ist die folgende „Hofheimer Moritat".

1. Hört Ihr Leut', es gibt ein Städtchen
in dem Hessenland,
es liegt zwischen Mainz und Frankfurt
und war den Römern bekannt.

Refrain: Dieses Städtchen Hofheim liegt am Taunusrand,
kommt ruhig her und schaut es Euch doch mal selber an!

2. Römer, Chatten und Teutonen
stellten sich hier ein,
auf dem Römerlager Hochfeld
türmt sich Stein auf Stein.

3. Als die schwarze Pest im Lande
arg gewütet hat,
wurde dieser Ort verschonet
weil man gelobet hat.

4. Ein Kapellchen wurd' erbauet
auf dem Räuberberg,
heut noch kann man es erschauen,
wenn man nach Hofheim fährt.

5. Rathaus, Hexenturm und Zollhaus
könnt Ihr auch noch seh'n
und wo einst die Römer wachten
jetzt das Kreishaus steht.

6. Ob in Frankreich oder England
sind wir wohl bekannt,
über Grenzen die einst trennten
man viele Freunde fand.

7. Wäldchestag und Altstadtfeste
feiert man hier gern
und es drängeln sich die Gäste
dann aus nah und fern.

(Quelle: www.moritatensanger.de)

Aufgaben:

1. Lest den Text. Was fällt euch auf?
2. Was glaubt ihr: warum nennt sich der Text „Moritat"? Welche Merkmale erfüllt er, welche nicht? Welche Elemente einer Moritat werden wie aufgegriffen?
3. Was bezwecken die Verfasser wohl mit dem Text?
4. Bildet Dreiergruppen, und dichtet einen ähnlichen Text für den Ort, in dem eure Schule steht!

© Verlag an der Ruhr ◆ Postfach 10 22 51 ◆ 45422 Mülheim an der Ruhr ◆ www.verlagruhr.de ◆ ISBN 978-3-8346-0566-5

Lösungen (1/4)

1. Teil: Balladen

Balladen – Grundlagen: Begriff und Geschichte (S. 5)

2. Die Verfasser der Volksballaden sind, im Gegensatz zu denen der Kunstballaden, unbekannt.
3. Mit dem Begriff „Ur-Ei der Dichtung" meint Goethe, dass die drei literarischen Hauptgattungen Lyrik, Epik und Dramatik aus der Ballade hervorgegangen sind, denn die Ballade vereint Merkmale aller Gattungen.
4. Die Volksballade lässt sich inhaltlich in folgende Untertypen gliedern:
   1) Götter-Balalden
   2) Helden-Balladen
   3) naturmagische (auch: numinose) Balladen/ Geister-Balladen
   4) Legenden-Balladen/Balladen mit tradierten literarischen Themen
   5) Ritter-Balladen
   6) Historische Balladen

   Bei den Kunstballaden kamen soziale und zeitgenössische Themen wie die moderne Technik hinzu. Die moderne Ballade erzählt von Alltäglichem.

Balladen – Grundlagen: Volksballaden (1/2) (S. 6)

- Der Autor ist unbekannt.
- Hier haben wir zwar relativ lange Sätze, die Ballade weist aber dennoch, wie es für die Volksballaden typisch ist, einen recht einfachen Satzbau auf. Außerdem ist der Satzbau sehr schematisch.
- Der Reim ist hier: abcb. (Noch häufiger kommen bei Volksballaden die Varianten abab oder abba vor.) Außerdem gibt es einen Refrain.
- Es werden einfache Worte und viele Adjektive verwendet.
- Die Ballade handelt von einer unglücklichen und tragischen Liebe.
- sehr emotional, Refrain verdeutlicht subjektive Sicht des Mädchens, Dialoge, Geschichte wird erzählt

Balladen – Grundlagen: Kunstballaden (1/3) (S. 8)

2. ausgefüllte Tabelle:

Zeit/Epoche	Charakter der Balladen/Themen	Autoren
Sturm und Drang	düster, oft naturmagische Themen	Bürger, Goethe
Weimarer Klassik	„Ideenballade" mit „edlem Held"	Goethe, Schiller
ab Ende des 18. Jahrhunderts	romantisch, geheimnisvoll	von Droste-Hülshoff
19. Jahrhundert	historisch, sozial, politisch	
19. Jahrhundert/Realismus	moderne Technik	Fontane
20. Jahrhundert	politisch, ironisch-satirisch, Einfluss der Moritaten	Brecht, Ringelnatz

Balladen – Grundlagen: Kunstballaden (3/3) (S. 10)

1. Das ruhelose Grab ist eine schottische Geisterballade. Diese übten einen starken Einfluss auf Bürger, den Autor von Lenore, aus. Beide Texte sind naturmagisch.

Eine Volksballade rappen: Die schöne Lilofee (1/2) (S. 13) ➡ *Volksballade, naturmagisch*

2. Ein wilder Wassermann will Lilofee, die Tochter des Königs, zurück locken, die aus der Wasserwelt zurückgekehrt ist, um ihre Familie wiederzusehen. Der Wassermann überzeugt sie schließlich, und Lilofee verlässt ihre eigene Familie auf der Erde, um bei ihren Kindern in der Wasserwelt zu sein.
3. Verfasser unbekannt; Elemente von Lyrik (Reimform, Strophen), Epik (Geschichte wird erzählt) und Dramatik (Dialog), Refrain

Balladen vergleichen: Der Rattenfänger von Hameln (1/2) (S. 15) ➡ *Volksballade, Legendenballade*

1. zur Person: bunt; zu seinem Verhalten: wild, bedacht, hart, böse; sonstige Attribute: Wundermann, Teufelsstreich

Balladen vergleichen: Der Rattenfänger von Hameln (2/2) (S. 16) ➡ *Kunstballade, Legendenballade*

1. wohlbekannt, vielgereist, gutgelaunt, vielgewandt

Einen Comic zeichnen: Der Zauberlehrling (2/2) (S. 20)
➡ *naturmagische Kunstballade*

1. Form erweckt Gefühl der Bedrohung
2. Warnung vor Selbstüberschätzung
3. Abschnitt 1: Zauberlehrling überschätzt seine Fähigkeiten und plant eine verhängnisvolle Zauberei; Abschnitt 2: Umsetzung seines Vorhabens; Abschnitt 3: zunächst Begeisterung über seine Zauberkünste, Abschnitt 4: Die Situation entgleist: Der Zauberlehrling kann sich nicht mehr selbst helfen, weil er den passenden Zauberspruch vergessen hat, und gerät in Panik; Abschnitt 5: Verzweiflungstat, die die Situation weiter verschlimmert; Abschnitt 6: Hilferuf an höhere Mächte und den Meister

Lösungen (2/4)

Eine Kurzgeschichte schreiben: Der Handschuh (1/2) (S. 21)
➡ *Ideenballade*

Eine Ballade spielen: Der Ring des Polykrates (2/2) (S. 24)
➡ *Ideenballade*

1. Ein feindlicher Feldheer ist besiegt und getötet worden, ein Bote bringt Polykrates zum Beweis dessen Haupt; Polykrates' Flotte kehrt mit Schätzen beladen nach Samos zurück; Sieg über die Kreter, deren Flotte dem Sturm nicht standhalten konnte.

Rollenspiel: Der Knabe im Moor (S. 25)
➡ *naturmagische Kunstballade*

2. Figuren: der gespenstische Gräberknecht, die unselige Spinnerin, der diebische Fiedler Kanuf, die verdammte Margret
3. schaurig, Phantome, Dünste ...

Einen Brief schreiben: Die Heinzelmännchen zu Köln (2/2) (S. 27) ➡ *Legendenballade, Kunstballade; übt auch Kritik an herrschenden Verhältnissen*

1. Abschnitt 1: Die Situation, wie sie zu Zeiten der Heinzelmännchen war; Abschnitt 2: die Zimmerleute und Heinzelmännchens Dienste bei ihnen; Abschnitt 3: der Bäckermeister und Heinzelmännchens Dienste bei ihm; Abschnitt 4: der Fleischer und Heinzelmännchens Dienste bei ihm; Abschnitt 5: der Küfer und Heinzelmännchens Dienste bei ihm; Abschnitt 6: der Schneider und Heinzelmännchens Dienste bei ihm; Abschnitt 7: die List des neugierigen Schneiderweibs, Abschnitt 8: das Ende der schönen, sorglosen Zeit
2. starke Reihung von Verben, wirkt gehetzt: Darstellung der ganzen Reihe von Tätigkeiten, die die Heinzelmännchen in kürzester Zeit verrichtet haben

Einen Flyer gestalten: Herr von Ribbeck auf Ribbeck im Havelland (1/2) (S. 28) ➡ *humoristische Kunstballade*

1. seine Gutherzigkeit/Großzügigkeit
3. Mundart

Eine Todesanzeige entwerfen: John Maynard (2/2) (S. 31) ➡ *historische Ballade, trägt auch Züge der Heldenballade*

1. fröhliche, ausgelassene Stimmung ➝ Schreck ➝ Angst, Panik, Verzweiflung ➝ Hoffnung ➝ Erleichterung
2. Eingangsfrage „Wer ist John Maynard?" und Einleitung mit Anwandlungen eines persönlichen Erlebnisberichtes, Vers „Noch ... Minuten bis Buffalo" wirkt wie ein Countdown, dialogische Anteile machen den Text lebendig und suggerieren Authentizität.
3. Der Steuermann in Fontanes Ballade trägt den Namen John Maynard statt Luther Fuller; Fontane lässt seinen Steuermann John Maynard im Gegensatz zum realen Steuermann Luther Fuller heldenhaft sterben. In Fontanes Ballade überleben alle Passagiere, bei dem wirklichen Unglück haben nur 29 von 200 Passagieren überlebt.

Eine Ballade schreiben: Die Brücke am Tay (1/2) (S. 32)
➡ *historische Kunstballade*

1. Ein Passagierzug hat in der stürmischen Silvesternacht 1879 die Brücke von Dundee passieren wollen, doch ist die Brücke durch die Stärke des Orkans gebrochen und mitsamt dem Zug in die Tiefe gestürzt. Bis auf einen wurden alle der mindestens 100 Passagiere ins Meer gespült.

Eine Ballade schreiben: Die Brücke am Tay (2/2) (S. 33)
➡ *historische Kunstballade, auch: numinose Ballade*

1. die Winde. Anlehnung an die drei Hexen aus Shakespeares Macbeth
2. persönlicher Bezug durch das Warten der „Brücknersleut"
3. Fontane weist darauf hin, dass der Mensch gegen die Natur bzw. gegen Naturgewalten machtlos ist und dass kein Bauwerk von Menschenhand (wie diese Brücke) der Macht der Natur trotzen kann. Er zeigt eine gewisse Skepsis gegenüber dem technischen Fortschritt und kritisiert in diesem Zuge den Größenwahn und die Selbstüberschätzung, die sich mit dem technischen Fortschritt unter den Menschen verbreitet hat.

Eine Ballade schreiben: Ballade (S. 34)
➡ *moderne, humoristische Ballade*

3. inhaltlich: humoristische Umsetzung des Themas, kein tragischer Einzelfall wird erzählt, düstere Stimmung fehlt; formal: keine Dialoge, keine Ausrufe, kein Refrain

Einen Zeitungsbericht schreiben: Die Ballade vom Nachahmungstrieb (1/2) (S. 36)
➡ *moderne Ballade, zurückgehend auf reales Ereignis*

Interview mit einem Zeitzeugen: Ballade vom preußischen Ikarus (S. 37) ➡ *moderne Ballade*

1. Das Geschehen spielt sich 1976 in Ostberlin ab.
2. vorhanden: Reimform, Metaphern, Enjambements, gleich lange Strophen, Refrain; fehlt: keine Ausrufe, keine Dialoge, Inhalt beschreibt keinen tragischen Einzelfall, sondern das Schicksal eines Typus „DDR-Bürger"
3. Gemeinsamkeiten: Beide Figuren sind in ihrer Freiheit eingeschränkt, beide Figuren müssen mit Sanktionen rechnen, wenn sie sich gegen die höhere Macht auflehnen (Götter bzw. DDR-Regierung); Unterschiede: mythologischer Ikarus macht dies aus Übermut, aber nicht vorsätzlich, literarischer Ikarus macht dies vorsätzlich.

Lösungen (3/4)

2. Teil: Moritaten

Moritaten – Grundlagen: Begriff und Geschichte (2/2) (S. 39)

1. *16 – 17. Jahrhundert:* Newe Zeitung; *17. Jahrhundert:* wachsende Anzahl von Zeitungen, reine Moritat kristallisiert sich heraus; *Anfang des 19. Jahrhunderts:* Renaissance der Moritat (Napoleon); *Anfang des 20. Jahrhunderts:* Entwicklung des politischen Kabaretts, *1928:* Moritat von Mackie Messer; *bis 1930:* Untergang der Moritat; *heute:* einzelne Bands entdecken die Moritat neu.

Moritaten – Grundlagen: Merkmale einer Moritat (S. 40)

1. schauriges Ereignis, z.B. ein Mord; detailierte Schilderung des Sensationellen/Makabren; Echtheitscharakter durch Nennung von Namen und Orten; komische und ironische Momente, moralisierende Aussage am Schluss
2. Lieschen ging mit 14 Jahren: Vergewaltigung, die in letzter Konsequenz zum Tod führt, ist als sensationelles Ereignis das Thema der Moritat; Echtheitsmoment durch Namensnennung; detaillierte Schilderung (Lieschen ist blass); erzieherischer Aspekt zielt auf den Jüngling ab: man kann seine Taten nicht ungeschehen machen

Sich etwas bildlich vorstellen: Der Moritatensänger (S. 43)

1. Textbüchlein am Körper hängen, vermutlich Taschen oder Karren mit Wundermitteln dabei, in Begleitung von Frauen/Kindern, ggf. Geige oder Drehorgel, Moritatentafel, Zeigestock; Kleidung: vermutlich ärmlich

Eine Bildtafel zeichnen: Die Schlange, die sich selbst auffraß (S. 45)

1. Hier geschieht zwar kein Mord an einem anderen, dennoch wird ein schauriges Ereignis beschrieben: Eine fette Schlange hat nichts mehr zu fressen und magert ab bis auf das Skelett. Bevor sie den Hungertod stirbt, frisst sie lieber vom eigenen Körper, bis nichts mehr davon übrig ist und sie stirbt.
2. Er nennt den Namen des Schauplatzes (Afrika, Kongofluss), er nennt den Namen der Schlange (Amalia) und beteuert, dass sie überall bekannt war.

Vergleich Moritat – Ballade: Des Pfarrers Tochter von Taubenhain (2/2) (S. 50)

1. Das Tun der Pfarrerstochter wird begründet mit ihrem Leid.
2. Mitleid

Vergleich Moritat – Ballade: Die Moritat von Pfarrer Pistorius (S. 51)

1. Angst vor der Schande
2. Sensationslust, Empörung, vor allem aber Amüsement
3. humorig: man soll keinen Pfarrer verführen
5. Ballade: volksnah, Mitleid erregend, Gefühle weckend; Moritat: anklagend, „reißerisch", unterhaltend, Moral verkündend; Zeitungsbericht: sachlich informierend

Eine Moritat singen: Bolle reiste jüngst zu Pfingsten (2/2) (S. 53)

1. Echtheitscharakter: Namensnennungen (Bolle, Ortsnamen), zeitliche Fixierung („jüngst zu Pfingsten").
2. Versagertyp, brutal, nicht sehr intelligent, nicht durchsetzungsfähig, lethargisch, nicht resolut, ohne Perspektive
3. Die Sprache weist dialektale Färbungen aus dem Berlinerischen auf; Umgangssprache, bisweilen vulgäre Sprache

Ein Rollenspiel: Als die Römer frech geworden (2/2) (S. 55)

2. Siegessichere Römer haben unter der Führung ihres Feldherrn Quintilius Varus in Deutschlands kühlem Norden im Teutoburger Wald eine schwere Niederlage gegen die Cherusker unter Fürst Hermann erlitten. Die Schlacht muss sich auf einem dunklen, sumpfigen Schauplatz ereignet haben und äußerst blutig vonstatten gegangen sein. *Dazugedichtet:* die Art und Weise, wie der besiegte Varus ums Leben gekommen ist, die Details zu den Festivitäten der siegreichen Cherusker (Frühstück, westfälischer Schinken, Bier, Saufgelage › Umsetzung logistisch nicht möglich gewesen), Reaktion in Rom (Trauerkleider)/des Augustus (Stück Pfau im Halse stecken: zufällig nimmt er gerade ein Festmahl zu der Zeit ein, zu der die Nachricht von der Niederlage kommt) auf die verlorene Schlacht.

Ein Telefonat: Lenchen ging im Wald spazieren (S. 56)

2. Übereinstimmung: Ein Jüngling vergewaltigt ein Mädchen, woraufhin dieses schwanger wird und ein uneheliches Kind bekommt; Unterschiede: Moral: Die Frau soll aus der Geschichte lernen, dass sie sich nicht anfassen lassen soll (Lenchen); man kann seine Taten nicht rückgängig machen (Lieschen).

Ein Plädoyer halten: Der Tantenmörder (S. 57)

1. Merkmale einer typischen Moritat: Ein schauriges Thema, hier der kaltblütiger Mord an der eigenen Tante, wird detailliert geschildert. Typische Moritatenmerkmale, die hier fehlen: wenige Echtheitsmomente (Ortsnamen, Namensnennung); keine moralisierende Aussage am Schluss.
2. in der Art und Weise, wie der Mörder Straffreiheit erreichen und die Richter überzeugen will

Ein Hörspiel produzieren: Der Dieb und das Dienstmädchen – Gruppe A (S. 58)

2. parodistisch
3. humoristisch: Frauen sollen sich nicht aus Mitleid auf „zweifelhafte Individuen" einlassen.

Lösungen (4/4)

Ein Hörspiel produzieren: Der Dieb und das Dienstmädchen – Gruppe B (S. 59)

2. parodistisch
3. humoristisch: Frauen sollen nicht zu schnell Vertrauen zu „zweifelhaften Individuen" fassen

Eine Rollenbiografie schreiben: Das Schinderhannes-Lied (2/2) (S. 62)

1. lebt im Schneppenbacher Forst; ist von den Menschen gefürchtet wie der Teufel, kaltblütiger Mörder (bringt Kaufleute, Wanderer, Männer und Frauen um); vergewaltigt Frauen, hinterhältiger Dieb

Eine Anklageschrift verfassen: Die Moritat von Mackie Messer (2/2) (S. 64)

2. Die Moritat schildert die Verbrechen, die Mackie Messer in London begeht. Allerdings kann er keiner dieser Verbrechen überführt werden, da die Beweise fehlen. Doch ist er immer in der Nähe, wenn die Verbrechen bekannt werden. Zu seinen Verbrechen gehören Mord (Strophe 3, 4, 6), Entführung (Strophe 5 und 7), Brandstiftung (Strophe 8) und Vergewaltigung (Strophe 9).
3. Mackie Messer trägt Handschuhe, sodass man ihn nicht anhand von Blutspuren oder Fingerabdrücken etc. seiner Tat überführen kann.
4. Der Hai verhält sich auf seinen Beutezügen ebenso blutrünstig wie Mackie Messer sich bei seinen Verbrechensfeldzügen zeigt.

Eine Moritat umschreiben: Ritter Hadubrand (2/2) (S. 66)

2. Die Geschichte erinnert an die Gespenster-Balladen; hier wird parodistisch damit umgegangen.
3. Wortspiele, Ironie, Spiel mit literarischen Vorlagen
4. humoristisch: Nutze keine Frauen aus, und verführe sie nicht, das wird sich rächen.

Ein Musikvideo machen: Der Frauenmörder Wurm (S. 2/2) (S. 68)

2. dialektale Färbung aus dem Österreichischen
3. Echtheitsmomente (Ortsnamen), schauriges Ereignis (Mord) wird geschildert
4. moralisierende Aussage am Schluss fehlt

Moritaten heute – total „out"?: Die Hofheimer Moritatensänger (S. 69)

2. Echtheitsmomente (Nennung der Ortsnamen, Nennung bekannter Stätten, Wendung „wohl bekannt", „heut noch kann man es erschauen", Aufforderung, die Stadt zu bereisen, Verweis auf traditionelles Altstadtfest); typische Schilderung eines schaurigen Ereignisses fehlt
3. Zweck: unterhaltsames, originelles Loblied auf Hofheim, das die Stadtgeschichte aufgreift und die Stadt als kulturellen Standort attraktiv machen soll

Literatur- und Internettipps

Literaturtipps

Esser, Rolf:
Das große Arbeitsbuch Literaturunterricht. Lyrik, Epik, Dramatik.
Verlag an der Ruhr, 2007.
ISBN 978-3-8346-0234-3

Laufhütte, Hartmut:
Deutsche Balladen.
Reclam, 1986.
ISBN 978-3-15008501-1

Mohr, Steffen:
Mo(h)ritaten.
Buch & media Verlag der Criminale, 2006.
ISBN 978-3-935284-70-7

Preußler, Otfried/Pleticha, Heinrich/ Hechelmann, Friedrich:
Das große Balladenbuch.
Thienemann Verlag, 2000.
ISBN 978-3-52217266-0

Steininger, Gerda/Klaps, Hannsjürgen:
Wer ist Goethe?
Arbeitsblätter zu Leben, Werk und Zeitgeschichte.
Verlag an der Ruhr, 2007.
ISBN 978-3-8346-0223-7

Schmidt-Kortenbusch, Martin:
Arbeitsblätter Balladen: 24 Arbeitsblätter mit didaktisch-methodischen Kommentaren.
5. bis 10. Schuljahr.
Klett, 2003.
ISBN 978-3-12927469-9

Treichler, Hans Peter:
Deutsche Balladen: Volks- und Kunstballaden, Bänkelsang, Moritaten.
Manesse-Verlag, 1993.
ISBN 978-3-71751840-2

Vierkötter, Otto/Geuß, Ute/ Hövel, Walter:
100 Ideen für die Arbeit mit Lyrik.
Lyrik schreibend erkunden.
Verlag an der Ruhr, 2009.
ISBN 978-3-8346-0509-2

Weißert, Gottfried:
Ballade.
Metzler, 1993.
ISBN 978-3-47612192-9

Internettipps

www.balladen.de/web/sites/home/index.php
Balladen- und Gedichtsammlung mit Zusatzinfos über Dichter, Typologie, Merkmale und Geschichte von Balladen etc.

www.literaturwelt.com/spezial/ballade.html
Infos über Balladen

www.literaturwelt.com/werke/balladen.html
Balladensammlung

www.lyrik-lesezeichen.de

de.wikipedia.org/wiki/Bänkelsang
de.wikipedia.org/wiki/Moritat
über Bänkelsang und Moritaten

Die in diesem Werk angegebenen Internetadressen haben wir geprüft (November 2011). Da sich Internetadressen und deren Inhalte schnell verändern können, ist nicht auszuschließen, dass unter einer Adresse inzwischen ein ganz anderer Inhalt angeboten wird. Wir können daher für die angegebenen Internetseiten keine Verantwortung übernehmen.